스마트폰을 켜면 **TED**가 열린다

라이프
인
테드

라이프 인 테드

초판 1쇄 인쇄 2018년 11월 15일
초판 1쇄 발행 2018년 11월 22일
지은이 윤은숙

펴낸이 김양수
편집·디자인 이정은
교정교열 박순옥

펴낸곳 휴앤스토리
출판등록 제2016-000014
주소 경기도 고양시 일산서구 중앙로 1456(주엽동) 서현프라자 604호
전화 031) 906-5006
팩스 031) 906-5079
홈페이지 www.booksam.kr
블로그 http://blog.naver.com/okbook1234
이메일 okbook1234@naver.com

ISBN 979-11-89254-09-4 (03190)

눈만 뜨면
TED로
달려가는 여자

정확히 아침 7:30분이 되면 스마트폰의 알람이 울린다. 웅장한 오케스트라의 연주 같기도 하고, 영화 배경음악 같기도 한 알람소리가 잠을 깨우지만, 사실 그녀가 잠에서 깨는 이유는 보고 싶은 게 있어서다.

침대에서 일어나자마자 그녀는 캡슐커피 머신에 캡슐을 갈아 끼고, 커피가 내려지기를 기다리며 스마트폰의 TED talks 동영상을 하나씩 둘러본다. '오늘 올라온 영상 중에 볼만한 게 뭐가 있나?'라고 혼자 중얼거리며……

"찾았다! 이게 흥미로워 보이는데?"

그녀는 절대 지루할 것 같거나 전문용어가 나오는 영상은 플레이해서 보지 않는다. 15분을 넘기는 것도 손이 잘 가지 않는다. 그녀를 각성하게 하고, 활기찬 하루를 시작하게 하는 TED talks의 오늘의 영상은 무엇일까?

"여러분 오늘 강의는 여기까지입니다. TED talks 동영상을 하나씩 보고 내용 정리해 오는 과제 다음 주까지 제출해주세요. 추후 조별로 정해진 순서대로 발표할게요. 발표시간은 딱 15분입니다. 아시죠? 사람들이 가장 집중할 수 있는 황금의 시간 15분, 저도 매일 강의를 딱 15분만 하면 좋겠어요.ㅎㅎㅎㅎ"

필자의 직업은 대학에서 면접, 서비스 매너, 이미지메이킹을 가르치는 외래교수이다. 강단에 서기 전에는 외국 항공사의 객실 승무원으로 근무했고, 비행기에서 내린 후에는 줄곧 강의를 해왔다. 강의는 필자의 열정과 에너지를 사람들에게 전달하는 하나의 수단이었다. 또한 누군가에게 강의를 통해 내가 가진 것을 줄 수 있다는 것 자체를 소명의식으로 여겼다.

필자만의 독특한 강의 방식이 있다. 그것은 바로 수강생들이 자신들이 선택한 'TED talks' 동영상을 보고 내용을 정리해 15분의 정해진 시간 동안 발표하게 하고, 그 후 그 내용에 대해 토론을 하도록 이끄는 것이다. TED의 내용이 다양하니, 그것을 통해 공유하고, 느끼고, 생각한 것들 역시 모두 달랐다.

TED 안에는 인생의 답이 있고, 사람이 있다. 수강생들에게 직접적 연관이 있는 입사면접 질문 답변의 힌트가 있고, 어떤 태도로 인생을 살아가야 꿈을 이룰 수 있는지 그 방법이 있다. 실제로 그렇다.

필자는 대학 강단에 섰지만 이후 결혼과 쌍둥이 출산으로 경력이 단절되었다. 경력단절은 이혼위기, 산후 우울증, 자존감 추락을 가져왔다. 이런 변화는 정신적, 신체적 고통을 초래했고, 희망이 없다는 생각에 필자를 벼랑 끝에 서게 만들었다. 그러던 어느 날, 무기력하게 누워서 몇 번째 시리즈인지도 모를 《해리포터》 영화를 보던 중 문득 이런 생각을 하게 되었다.

'해리포터 영화의 원작자인 영국의 작가 조앤 K. 롤링은 해리포터를 처음 쓸 당시 28세의 나이로 정부보조금을 받아 근근이 생활하는 이혼녀에 불과했어. 하지만 지금 그녀의 책은 전 세계 67개 언어로 번역되어 세계 138개국에서 발간되었고, 그 외에도 영화 상영으로 천문학적인 수익금을 벌어들이고 있잖아. 바로 이거야.'

필자는 또 생각했다.

'내 인생을 바꿀만한 책을 써야겠어. 책 안에 나의 영혼을 녹이고, 열정을 새기면 사람들이 누구나가 공감하는 책을 쓸 수 있을 거야.'

그리고 그것을 바로 'TED'라는 매개체를 통해 전달해 사람들에게 삶의 희망과 인생의 길라잡이가 되고 싶다는 생각을 하였다.

《라이프 인 테드》는 바로 이렇게 해서 탄생하게 되었다.

2018년 11월
윤은숙

Contents

PART 3
인생의 확고한 콘셉트는
행복의 지름길

PART 1

직장은 스펙 경쟁이 아니라
인식 싸움의 장

좋아하는 일을
찾는 것이 가능할까?

워렌버핏은 이런 말을 했습니다.

"이력서 한 줄을 채우기 위해 일하는 것은 노년을 위해 현재 섹스를 아끼면서 하는 것이다"

이 말은, 바로 앞의 현실만을 생각하는 삶을 우스갯소리로 표현한 것입니다. 네모난 빌딩 속 네모난 책상에 앉아 네모난 컴퓨터를 보면서 그저 시키는 일만 묵묵히 하고 있는 당신의 직장생활은 어떠한가요?

미국의 유명한 경영컨설팅 회사 '딜로이트' 조사에 따르면 '직장인의 80%가 직장 내에서 하고 있는 자신의 일을 싫어한다'고 했다고 합니다. 그렇다면 나머지 20%, 즉 자신의 일은 좋아하는 사람들은 어떻게 해서 그렇게 될 수 있었을까 의문점이 생길 수밖에 없습니다.

소수의 사람들만이 열정적으로 자신과 세상을 바꾸는 일, 그리고 자신이 좋아하는 일을 하면서 살아갑니다. 그들은 대부분 빵집을 하든, 카페를 하든, 온라인 쇼핑몰을 하든 자신의 비즈니스를 운영한다는 공통점이 있었습니다. 하지만 모든 사람들이 다 자신의 비즈니스를 할 수 없는 것이 현실입니다. 그렇다면 직장생활 속에서 열정을 갖기 위해서는 최소한 자신의 일을 즐기면서 할 수 있는 방법을 찾아야만 한다는 결론에 이르게 됩니다.

일이 우리에게 즐거움을 가져다주기 위해서는, 먼저 일에 대한 강한 열정이 있어야 합니다. 흔히 열정적으로 일하고 있다고 말들은 하지만, 실제로 그 열정을 측정하기란 무척 어렵습니다.

그렇다면 열정을 가지고 일하는 것은 어떤 것을 말하는 것일까요?

열정을 가진 사람들에게는 세 가지의 공통점이 있습니다.

첫 번째, 그들은 자신에 대한 전문가가 됩니다.

자신에 대해서 전문가가 되려면 무엇보다 자신이 무엇을 좋아하는지를 알아야 합니다. 여러분이 원하는 것이 무엇인지 모른다면 절대 좋아하는 일을 찾을 수 없고 그 분야의 전문가가 되기도 어렵습니다. '좋아하는 일 찾는 법'은 대학의 어떤 전공 과목에도 없고, 복수전공을 한다고 해서 얻을 수 있는 것도 아

닙니다. 중요한 것은 스스로가 좋아하는 분야를 파악하고, 자신과 가장 잘 맞는 것을 선택하는 일입니다

자신을 이해하기 위한 가장 쉬운 방법은 자신의 장점을 파악하는 것입니다.

자세히 들여다보면 누구나 한 가지 이상의 장점을 가지고 있습니다. 하지만 스스로 객관적으로 파악하는 일은 생각보다 어렵습니다. 이때는 친구와 직장동료에게 질문을 던져 보는 것이 가장 쉽고 편한 방법입니다. "네가 생각하기에는 내가 뭘 잘하는 것 같아?"라고 지금 바로 물어 보길 권합니다. 이것은 실제 필자가 사용해본 방법이기도 합니다. 경력단절의 상태에 있었을 때 친한 친구에게 "앞으로 난 뭘 하지?"라고 질문을 했더니 친구가 이렇게 대답했습니다.

"너가 제일 잘 할 수 있는 것을 해. 맞아. 너 글 잘 쓰잖아. 글 쓰는 일을 해봐."

친구의 대답은 그동안 너무 당연한 것처럼 여겼던 나만의 장점에 대해 진지하고 깊게 고민하게 만들었습니다. 그리고 친구의 말처럼 나만의 장점을 살린 작가가 되기로 마음을 먹었습니다.

장점을 발견하는 또 다른 한 가지는 '가치'를 찾는 일입니다.

우리들은 인생에서 중요하게 생각하는 것, 즉 어떤 것에 가치를 두고 살아가고 있는지 생각해 보아야 합니다. 가치를 두는 곳은 사람마다 다양하나, 또 대부분 비슷하기도 합니다. 사랑, 가족, 건강, 성공……, 그중 어떤 것에 중요성을 두고 있는지에

대해 판단해 봐야 합니다.

장점을 찾는 마지막 방법은 '다양한 경험'입니다. 우리는 매일 경험을 합니다. 편의점에서 음료수 하나를 고를 때도, 친구 또는 동료들과 점심식사를 하러가서 메뉴를 고를 때도 우리는 경험을 하고 있습니다. 매초, 매분 우리 스스로가 좋아하고 싫어하는 것을 경험을 통해 알게 됩니다. 이런 경험들이 쌓여 자신이 하고 싶은 일이 무엇이고, 어떻게 해야 할지도 깨닫게 됩니다. 그러나 사람들은 자신에게 중요한 가치가 무엇인지 매일매일 생각하며 하루를 보내지는 않습니다. 현재를 살기 때문입니다. 각박하고 경쟁이 치열한 사회 속에서 미래를 계획할 여유도, 과거를 회상할 감성도 남아있지 않습니다. 현실의 삶에 순응하는 것이 마치 정답처럼 느껴지기까지 합니다.

인생이라는 시계는 생각보다 느리고, 남아 있는 시간마저 너무 깁니다. 긴 세월 동안 하고 싶은 일도 해보지 못한 채 현실만을 쫓으며 살고 싶은가요? 대부분 마음속에서는 '아니요'라는 대답이 절로 나올 것입니다.

두 번째, 그들은 불가능한 일을 하고 한계를 시험합니다.

자신이 계획하고 목표했던 일들을 행하지 못하는 것에는 분명한 이유가 있습니다. 우선은 왜 해야 하는지 이유를 정확히 모르기 때문이고, 그리고 주위 사람들이 불가능하다고 말하기 때문입니다. 이 말도 안 되는 두 가지 이유 때문에 도전하길 포기하거나 처음부터 시작도 하지 않는 많은 사람들을 보았습니다. 하지만 재미있게도 모든 발명과 혁신은 사람들이 다 처음에는 미쳤다고 했던 것들이었습니다. 스티브 잡스도 그랬고, 필자도 그랬습니다.

어렸을 때 이런 꿈을 꾼 적이 있습니다. 머릿속에 상상했던 그림을 글로써 표현해 보고 싶다는 생각에 소설가가 되겠다는 소망을 가졌습니다. 초등학교 시절 글짓기 대회에 나가서 상을 받아 본적도, 국어 선생님께 내가 쓴 글에 대해 칭찬받아 본적도 없었지만 자신의 생각을 글로 표현한다는 것이 얼마나 멋지고 위대한 일이지 서점에 책을 사러 갈 때마다 생각했던 것입니다.

항공사 승무원이라는 이 멋진 직업을 그만두고 필자는 승무원이 되려고 준비하는 학생들을 가르쳤습니다. 그때 관련 자료를 조사하면서 이런 생각을 하게 되었습니다.

'입시 면접책은 넘쳐나는데 왜 제대로 된 항공서비스학과 면접책은 없는 거지?'

그때 필자는 '그럼 내가 그런 책을 써보면 어떨까?'라며 그저 막연하게만 생각하고 지나쳤습니다. 몇 년의 시간이 흐른 뒤에도 필자는 여전히 학생들을 가르치고 있었고, 그동안 학생들을 위해 준비했던 많은 자료들은 노트북 안에 차곡차곡 쌓여가고 있었습니다. 자료가 어느 정도 준비되었을 무렵 주변 동료들에게 "학생들 가르쳤던 자료를 모아 책을 내보려고요"라는 말을 하자 "왜요? 귀찮지 않아요? 그리고 시중에 책 많은데 비슷하지 않겠어요?"라는 반응이 돌아왔습니다. 난 이상한 성격의 소유자가 분명합니다. 남들이 안 될 것 같다고 하면 더 하고 싶어 미치는 사람입니다.

출판사에 문을 두드리기 시작했습니다. 그동안 모은 자료로 책 목차를 구성하고 내용의 일부분을 완성한 후 원고를 보냈습니다. 아는 출판사가 있었을까요? 그럴 리가요. 이전에 책을 출판해 본적도 없고, 관련 업종에 일하는 지인이나 친구도 없었습니다. 서점에 가서 베스트셀러 섹션에 꽂혀있는 책의 출판사들의 이름을 모두 적어 와서 그곳 이메일로 무작정 원고를 보낸 것입니다. 정확히 세어보지는 않았지만 대략 80~90개의 출판사에 보냈던 것 같습니다. 우리나라에 이렇게 많은 출판사가 있다는 것도 그때 새삼 알게 되었습니다. 그런데 이렇게나 많은 출판사에 원고를 보냈는데 답이 온 곳은 단 두 곳뿐이었습니다.

처음 제안을 받아 찾아간 출판사는 필자에게 원고료로 100만 원을 줄 테니 출판해주겠다고 말했습니다. 출판해준다고? 이 말 뜻이 너무나 비참하게 들렸습니다. 그 후 며칠 뒤 다행히 다른 출판사에서 연락이 와서 미팅을 했는데 통상적인 조건, 인세를 지급하는 형식으로 출판계약을 하게 되었습니다. 뭐든지 처음이라는 것은 의미가 있고 가슴 설레기 마련입니다. 필자의 처녀작이 세상에 나와 필자가 애용하는 대형 서점 책꽂이에 꽂혀있던 그 장면은 마치 영화처럼 항상 기억 속 한편에 살아있습니다.

여러분은 왜 불가능하다고 생각되는 것은 시도하지 않습니까? 다른 사람들이 미친 짓이라고 말했던 것이 틀렸다는 것을 증명하기 위해서라도 자신의 한계를 조금씩 시험할 필요가 있습니다. 한계란 결국 자기 스스로 정하는 보이지 않는 선일뿐입니다. 그 선을 넘기 위해서 필요한 것은 끊임없이 같은 길을 가는 것입니다. 끝까지 해보지 않고는 한계를 알 수 없습니다. 한계는 넘기 위해 존재하는 선일뿐임을 명심하길 바랍니다.

세 번째, 그들은 다른 열정적인 사람과 함께 갑니다.

당신이 현재 위치에서 원하는 곳으로 가려면 여러분이 선택한 사람들과 함께 가야 합니다. 그들은 당신이 바뀔 수 있도록 도와주며, 당신도 그들이 바뀔 수 있도록 도와줄 수 있습니다. 그들은 당신 주변에 살고 있는 동료일 수 있고, 친구일 수도 있으며, 우연히 사회에서 만난 인맥일 수도 있습니다. 누구라도 그 사람이 될 수 있습니다. 그러니 마음을 열고 모든 사람을 만나야 합니다.

미국 최초의 스포츠 심리학자인 노먼 트리플렛Norman Triplett (1861~1931)은 싸이클 선수들에 대해 연구했습니다. 그는, 한쪽은 여러 명이 함께 경주용 자전거를 타고 달리게 하고 다른 한쪽은 혼자 달리게 한 후 기록을 측정했습니다. 그 결과 여러 명이 같이 달린 쪽이 항상 더 빠르다는 것을 발견했습니다. 우리 인생에도 이런 비슷한 일들이 일어날 수 있습니다.

당신이 만약 '자신의 일을 싫어하는 사람들'과 같이 간다면, 당신 또한 현실에 안주하는 삶을 살 수밖에 없습니다. 왜냐하면 우리는 주변 사람들이 중요시하는 가치를 따라가게 되기 때문입니다. 그러니 주변 관리를 잘 할 필요성이 있습니다.

누군가가 취미나 열정을 따라 일을 하거나, 엄청난 시간을 투자하여 일을 하는데 수익이 전혀 없다면 어떨까요? 아무도 관심을 주지 않을뿐더러 주변 사람들은 그의 선택에 대해 나쁘게만 이야기할 것입니다. 그러기보다는 열정을 갖고 살아가는 사람을 칭찬하는 일을 하는 것이 더 낫습니다. 그 열정의 근원이 어디서 나오는지 관심을 가져보는 것도 당신에게 이익이 되는 일입니다.

만약 당신 주변에 열정 있는 사람이 아예 없다면 어떻게 하겠습니까?

원래 알고 있던 사람들 속에서만 열정을 갖고 같이 갈 사람을 찾는 것은 어리석은 일입니다. 새로이 형성되는 관계 즉 동호회, 독서모임, 종교 활동, SNS 등 불특정 다수를 만나게 되는 상황 속에서 맺게 된 인간관계에서도 우리는 열정을 나눌 사람을 찾을 수 있습니다. 모든 사람을 다 신뢰할 수는 없지만, 열정의 힘 자체는 신뢰할 수 있기 때문입니다.

열정을 가진 사람들은 공통적으로 스스로 완벽하게 자신을 제어할 수 있는 특성을 가지고 있습니다. 어느 누구도 자신 스스로에 대해 알아내는 것을 막을 수 없으며, 누구도 당신이 한계에 도전하는 것을 방해할 수 없습니다. 또한 누구도 다른 사람들이 영감을 주거나 여러분이 영감 받는 것을 막을 수 없습니다.

하지만 대부분의 외부적인 요소들, 예를 들면 경기침체, 고용불안, 정치적 문제 같은 사회적 현상들은 당신이 통제할 수 없는 것들입니다. 그렇다면 당신이 통제 가능한 것만을 부분적으로 선택한다면 현명한 해결책이 될 것입니다.

(TED Scott Dinsmore: How to find work you love의 내용을 재구성함)

전 지금 제가 가장 좋아하는 일을 하고 있습니다. 어떻게 그렇게 할 수 있었을까요?

먼저, 저 스스로를 이해하기 위한 20~30대의 시간을 보냈습니다. 다양한 직업 경험과 공부를 했습니다. 승무원, 호텔리어, 바리스타, 레스토랑 서버, 영어학원 매니저, 연구원, 대학 강사 등 서로 다른 직업들을 경험하며 저의 성격과 특성에 맞는 직업이 무엇인지 알아내려고 노력했습니다. 저는 우선 반복하는 일을 싫어합니다. 승무원, 바리스타 같은 직업이 그렇습니다. 새로운 사람을 만나는 것을 좋아하지만 팀으로 일하는 것도 싫어합니다. 레스토랑 서버, 호텔리어 같은 직업이 그렇습니다. 그래서 두 가지 특성에 해당되지 않는 직업인 대학 강사를 가장 오래했습니다. 하지만 이 직업에도 단점은 있었습니다. 정해진 틀을 반복해야 하고 정해진 시간을 벗어나면 안 된다는 것입니다. 저는 좀 더 창의적이고 시간의 구애를 받지 않는 일을 하고 싶다는 결론에 이르렀습니다. 그래서 작가라는 직업을 선택했고, 전직인 강사의 경험을 살려 집필한 책의 콘텐츠를 이용해 강연도 종종 하고 있습니다. 인세 수입은 많지 않지만 책을 집필하는 창의적 과정을 사랑합니다. 이 콘텐츠들이 쌓여 저의 자산이 될 것이라고 믿습니다. 더 나아가 사람들이 제 책을 사랑하게 되는 날이 올 것이라고 확신합니다. 제 이름 석 자만 보고도 망설임 없이 구매하게 되는 그날까지 작가로서의 열정은 계속될 것입니다.

저에게는 6살 된 쌍둥이 딸이 있습니다. 결혼한 여자라면 출산과 양육이라는 자연스러운 과정을 거치지만 동시에 두 아이를 양육하는 것은 2배의 부담감을 넘어선 20배의 힘듦이 수반됩니다. 만삭 때 대학원 서사논문을 발표했고, 서사 과정 졸업 후 아이들을 출산했습니다. 직업이 대학 강사였던 저는 강의는 잠시 접어두고, 미래를 위한 투자라는 개념으로 박사과정을 시작했습니다. 박사학위를 받으면 더 좋은 조건으로 대학교수로 임용될 수 있다는 것을 알았기 때문입니다. 그런데 쌍둥이 딸의 양육을 도와줄 사람이 마땅히 없었습니다. 그렇다고 박사과정을 포기하고 싶지는 않았습니다. 이런 저의 간절한 마음을 알게 된 남편은 육아휴직을 내고 아이 양육을 도와주었습니다. 남편에 대해 고마운 마음은 있지만, 이것이 남편의 전적인 희생이라고 생각하지는 않습니다. 남편은 그 당시 《아빠 어디가?》라는 TV프로그램에 심취에 있었는데, 자신도 이 프로그램에 나오는 '프레디Friend+Daddy' 같은 사람이 되고 싶은 로망을 가지고 있었을지도 모릅니다. 결론적으로 그의 선택은 아이와 오롯이 같이 시간을 보내며 아빠의 사랑을 듬뿍 보여줄 기회였다고 생각합니다. 전 그저 그런 기회를 잘 이용한 현명한 사람이었을 따름입니다.

그럼에도 박사과정은 생각보다 쉽지 않았습니다. 매 수업 때마다 발표 자료를 준비하는 일부터, 논문 리서치, 영어논문 번역 등과 같이 시간을 많이 투자해야 하는 일들이 이어졌습니다. 대학 강사로서의 직업과 박사과정, 그리고 육아를 병행하는 저의 모습을 본 이들은 모두들 경외하는 눈빛이었습니다. 전 아직도 박사과정생들 사이에서 유명인사입니다. 바로 '독종학생' 그리고 '쌍둥이 맘'으로요. 전 한 번의 과락 없이 박사과정을 이수했고, 비교적 뛰어난 성적으로 졸업도 했습니다. 박사과정을 처음 시작할 때만 해도 모든 것이 불가능할 것처럼 느껴졌지만 하고자 하는 의지는 여러 가지 예기치 못한 행운들과 만나 좋은 결과들을 가져오는 것 같습니다.

마지막으로 저는 열정적인 사람을 주변에서 찾아 같이 손잡고 걸어갑니다. 저는 다양한 사람을 만날 수 있는 기회가 많은 직업을 경험했습니다. 인종, 국적, 종교를 넘어서 이야기 나누고, 그들과 커피 한잔 했던 추억들은 좋은 경험이었습니다. 많은 사람들 속에서도 진정으로 열정을 가슴에 품고 일을 해나가는 사람을 찾기는 쉽지 않은 일입니다. 확률적으로도 100% 중 20%밖에 안 된다는 연구결과가 있으니까요.

신촌의 10평 남짓한 옥탑방에는 배를 둥글게 부풀리며 복식호흡을 하는 한 여자가 서 있습니다. 초롱초롱한 눈빛으로 그녀를 바라보는 학생들도 있습니다.

그녀의 이름은 '임유정'입니다. 사람들은 그녀를 '스피치의 대가' 라고 부릅니다.

그녀의 과거는 어땠을까요?

그녀는 초등학생 시절 말을 더듬는 아이였습니다. 말을 더듬는다는 것은 타인과의 의사소통이 잘 안 된다는 것 이상을 의미합니다. 자존감이 추락하고, 또래 친구가 없고, 학교생활도 쉽지 않습니다. 그녀는 알았습니다.

"내가 노력하면 바꿀 수 있다."

그녀는 학교를 파하고 집에 돌아오면 언제나처럼 거울을 보고 책 읽는 연습, 발음 연습을 했습니다. 몇 년의 시간이 흘렀을까요? 그녀는 단순히 말을 더듬는 것에서 벗어나 지역방송의 아나운서, 리포터, 그리고 GS 홈쇼핑의 쇼호스트가 되어 있는 자신을 발견하게 됩니다. 그녀의 열정적인 삶의 태도는 여기서 끝이 아닙니다. 자신처럼 쇼호스트, 아나운서를 꿈꾸는 학생들을 가르치는 일을 합니다.

저의 오랜 지인인 K양은 실제로 쇼호스트가 되기 위해 10년 전에 임유정 씨의 강의를 들었습니다. 너무나 열정적으로 학생들을 가르쳐 그 학원에는 강의를 들으려는 학생들로 넘쳐 났다고 합니다. K양은 이렇게 그때를 회상합니다. "많은 선생님들의 강의를 들어 봤지만, 임유정 선생님처럼 열의 있게 가르치는 분은 본적이 없어요"라고 말입니다.

현재 그녀는 '라온제나 스피치'의 대표입니다. 라온제나는 2016년 기준으로 2개의 본점과 1개의 지점으로 사업의 영역이 확장되었으며, 동영상 스피치 강의 또한 인기가 많습니다. 그분은 또한 스피치 관련 책을 10권이나 집필하였습니다. 그녀는 이렇게 말합니다.

"그저 좋아서 한 일입니다. 열심히 앞만 보고 달려왔습니다."

그녀는 자신의 성공을 성공이라고 말하지 않습니다. 저는 그녀의 열정에 반해 버렸습니다. 처음에는 수업을 듣는 학생 중한 명에 불과했지만 지금은 그녀와 열정을 다해 같이 가는 사람이 되어 가고 있습니다. 그녀는 저에게 스피치 아카데미에서 강의할 기회를 제공해 주었습니다. 그저 수강생 중 한 사람이었던 저에게 이런 기회를 준 것은 이례적입니다. 대학 강사를 휴직하고 평범한 전업주부의 삶을 살아가고 있는 저에게는 돌파구가 필요했습니다. 전 진심으로 강의할 기회를 달라고 부탁했고, 그녀는 저의 진심과 열정에 동감해주었습니다. 지금은 반대로 제가 고객의 입장에서 그녀의 스피치학원 사업에 대한 자문을 해주곤 합니다.

우리는 열정을 가지고 달리는 여성이라는 공통점이 있습니다. 이 소중한 인연이 영원할 거라는 믿음, 우리의 열정은 항상 같이 갈 것이라는 믿음이 무엇보다 큽니다.

★ **좋아하는 일을 찾지 못한 친구에게 지금 이렇게 말해주세요!**

"좋아하는 일을 찾는 것이 불가능해 보이지? 현재를 살지 말고 미래에 살아봐. 미래를 산다는 것은 미래에 네가 어떤 모습으로 살아갈지를 생각해 보라는 거야. 현실에 안주하는 삶은 너에게 당장의 편안함을 줄 수 있겠지만 행복감은 주지 못할 수도 있어."

어떤 직업을 가지는 것이
미래에 성공하는 길일까?

2013년 옥스퍼드 대학에서 미래의 직업에 관해 연구했습니다. 현존하는 직업의 절반이 미래에는 기계들에 의해 대체될 확률이 높다는 결과가 나왔습니다. 인공지능을 가진 기계들은 데이터를 학습하여 인간이 할 수 있는 일들을 대신할 수 있게 됩니다. 굉장히 무시무시하게 들리지 않습니까?

당신은 오늘 아침 출근길에 버스를 놓쳤습니다. 어떻게 하시겠습니까? 카카오 택시를 부를까, 아니면 전철타고 중간에 버스로 갈아탈까, 아니면 그냥 다음 버스를 기다릴까? 여러 가지 다양한 방법들을 머릿속에 떠올릴 수 있습니다. 하지만 기계는 오로지 다음 버스를 기다리는 일밖에 할 수 없을 것입니다. 선행된 경험이 없다는 것을 전제로 한다면요. 기계는 새로운 상황에 대처하는 것에서 인간을 이길 수 없습니다.

이런 상황이 직업의 미래에 대해 무엇을 암시할까요? 어떤 직업이든 미래에는 한 가지에 의해 결정됩니다. 그 직업이 창의력을 기반으로 한 것인지 아닌지에 달려있습니다. 창의력을 기반으로 한 직업은 컴퓨터나 로봇이 대신할 수 없기 때문입니다. 방대한 데이터를 분석하여 컴퓨터가 에세이 점수를 채점하고 질병도 진단하니 의사나 선생님 같은 직업은 점차 줄어들겠죠?

반대로 소비자의 관심과 대중의 마음을 자극하는 광고 카피를 만드는 광고 기획자는 새로운 것을 창조해내기 때문에 미래에도 여전히 존재하는 직업이 될 것입니다. 그밖에도 작가, 영화감독, 패션디자이너, 어플리케이션 개발자 등과 같이 창의력을 기반으로 하는 직업은 미래에도 여전히 존재할 것입니다. 새로운 것을 창조해내는 직업이라면 당신은 어떤 꿈을 선택하여도 좋습니다.

창의력에서 우리는 기계보다 우월하다는 확신을 가져야 합니다. 또한 창의력의 힘을 믿고 무언가를 창조해낼 수 있는 진정한 인간이 되어야 합니다.

(TED Anthony Goldbloom:
The jobs we'll lose to machines and the ones we won't의 내용을 재구성함)

창의력을 발전시키는 방법에 대해 생각해 봅시다.

"욕망을 불러일으키기"

창의력을 개발한다는 말 자체가 여러분에게 부담감을 줄 수 있습니다.

어떤 사람들은 '난 창의력과는 거리가 먼 사람인데……'라는 말이 머릿속에서 떠오를 것입니다. 무조건적인 창의력은 의미가 없습니다. 당신이 관심을 가지는 부분에 대한 창의력이 필요합니다.

제가 최근에 관심을 가지는 것은 '홈트'입니다. 홈트는 홈트레이닝의 약자로 집에서 운동하는 것을 말합니다. 이것에 대해 관심을 가지기 시작한 것은 나이가 들어감에 따라 호르몬의 변화 때문에 배에만 살이 붙기 시작했기 때문입니다. 피트니스센터에 등록하는 것도 좋지만 오가는 시간, 운동하는 시간, 샤워하는 시간까지 다 합치면 최소한 3시간을 투자해야 되기 때문에 시간이 아깝다는 생각이 들었습니다. 인스타그램을 즐겨하다보니 자연스럽게 인스타에서 일반인들 중 '홈트'로 다이어트에 성공한 사람들을 알게 되었습니다. 그 사람들이 올려놓은 집에서 하는 운동 동영상과 다이어트 식단을 보며 많은 관심이 생기기 시작했습니다. 그중에는 100킬로그램 이상의 몸무게를 가졌던 사람이 '홈트'로 53킬로그램의 몸무게를 유지하게 된 사례도 있었는데 놀라지 않을 수 없었습니다. 그때 난 '이까짓 뱃살쯤은 홈트로 금방 뺄 수 있겠네.'라고 생각하며 그 동영상을 따라했습니다. 그런데 하는 방법이 잘못된 것인지 한 달이 지나고 두 달이 지나도 전혀 내 몸의 변화가 느껴지지 않는 것입니다. 뱃살을 빼고픈 욕망은 여전한데도 말이죠. 그래서 생각했습니다. '이 동영상은 가짜구나. 그래 사람마다 운동하는 방법이 다르고, 몸의 형태가 다르니 이걸 한다고 다 살이 빠지는 것은 아니겠구나.'라고 말이죠. 그래서 나에게 맞는 운동법을 개발해보자는 생각을 하게 되었습니다.

글 쓰는 일을 주로 하다 보니, 컴퓨터 책상에 앉아 있는 시간이 많았습니다. 나의 몸은 언제나 배에 힘이 쭉 빠져 있습니다. 그래서 더 뱃살이 튀어 나와 보일 수도 있겠다는 생각이 들면서 문제점을 정확히 파악하게 된 것입니다. 이렇게 튀어나온 뱃살을 없애기 위해 요즘은 언제나 의자에 앉아 있을 때에는 배에 힘을 꽉 주고 있습니다. 또한 운동할 시간이 없는 생활 패턴을 고려하여 아이들과 야외활동을 할 때는 꼭 편한 운동화를 신고 나가 아이들과 같이 많이 뛰곤 합니다. 아이들이 좋아하는 줄넘기를 할 때도 성인용 줄넘기를 따로 준비해 같이 줄넘기를 하면서 유산소 운동을 합니다. 점프가 전신운동에 좋다는 이야기를 헬스트레이너한테 들은 기억이 있어, 아이들이 제일 좋아하는 트램펄린 카페에 같이 가서 트램펄린을 30분 이상 뛰기도 했습니다. 그랬더니 몸무게의 변화는 없었지만 허리가 1인치 줄어 현재 바지들이 다 여유 있게 맞습니다. 이처럼 저는 운동에 대한, 살빼기에 대한 욕망이 컸습니다. 그 욕망을 따라가다 보니 저절로 나만의 운동법을 개발하게 되는 창의력을 발휘하게 되었습니다.

"정답은 없다고 생각하기"

어린 시절 '정답은 없다'는 말을 수도 없이 들었지만 학교, 사회의 제도 속에서 살다보니 정해진 답이 있는 상황들을 겪어야만 했습니다. 그러다보니 자연스럽게 정해진 답이 '옳은 답' 또는 '좋은 답'이라고 인식하게 되었습니다.

프랑스는 예술로 유명한 국가입니다. 세계적인 디자이너와 명품 브랜드의 원산지입니다. 그들은 어떻게 저토록 뛰어난 예술 감각을 가지게 되었을까에 대한 의구심을 갖게 된 적이 있습니다.

작년 여름 30년지기와 프랑스로 자동차 여행을 다녀온 적이 있습니다. 둘 다 예술에 흥미가 있어서 '모네의 정원'의 모티브가 된 장소 '지베르니'에 다녀왔습니다. 정말 놀랐던 것은 실제 그 장소는 '모네의 정원'의 원작 그림처럼 아름다운 곳이 아니었습니다. 평범하지만 조금 규모가 큰 정원이라고 할까요? 그곳을 다녀온 후 '모네의 정원'의 원작이 전시되고 있는 모네미술관에 갔습니다. 제가 친구에게 이런 말을 했습니다. "모네가 진짜 대단한 화가 맞네, 저런 수수한 정원을 저렇게 아름다운 그림으로 그려내니 말이야"라고요. 왜 그랬을까요? 보통은 그림보다 실제의 풍광이 더 아름답기 마련입니다. 저는 궁금증이 생기기 시작했습니다.

그러던 어느 날《프랑스 아이는 말보다 그림을 먼저 배운다》라는 책을 읽게 됩니다. 이 책은 프랑스의 육아 미술교육에 관련한 책으로, 프랑스에서 오랜 시간 거주했던 한국인이 썼습니다. 5~6세 한국 여자아이들은 그림을 그리라고 하면 대부분 공주를 그린다고 합니다. 심지어 그 공주의 옷과 헤어스타일이 닮아 있다고 합니다. 그에 반해 프랑스 여자아이들은 공주뿐만 아니라 동물, 사람 등 여러 가지를 다양하게 표현한다고 합니다. 이 차이는 바로 프랑스의 육아 교육에서부터 시작된 것입니다.

프랑스는 보통 3세 이후에 어린이집을 다니기 시작하는데, 대부분의 교육기관이 미술학교의 형태를 띠고 있습니다. 미술을 매개체로 해서 신체활동, 언어활동, 체험활동 등으로 이어지는 수업으로 구성되어 있습니다. 모든 자극과 배움이 미술에서 출발하여 학문적인 접근까지 이어지므로 프랑스 아이들의 예술적 감각은 저절로 발달할 수밖에 없습니다. 또한 프랑스 미술교육의 특징은 부모가 창의적인 태도를 가지고 시작한다는 데 있습니다. 아이들이 그림을 그리거나, 낙서를 하는 모습을 지켜볼 때 정해진 틀을 제시하는 것이 아니라, 격려하고 용기를 주면서 그저 옆에 있어주기만 한다고 합니다. 한국 부모들처럼 주제와 색깔을 정해주고, 정해져 있는 그림을 보고 따라 그리게 하는 미술 교육이 아닌 것입니다. 이런 경험들이 쌓여 프랑스 국민 전체가 예술가로 살아가게 되고, 그중 세계적인 예술가가 탄생을 하게 되는 것입니다. 우리도 유아기에서부터 정해진 답을 주는 교육이 아니라 자신만의 세상을 찾아가는 창의적 교육을 실현시켜야 되겠습니다.

"호기심 유발시키기"

'판도라의 상자'에 얽힌 신화를 모르는 사람은 없을 것입니다. 호기심으로 인해 비밀상자를 연 판도라로 인해 이 세상의 모든 질병, 악, 재앙이 생겼다는 내용입니다.

그렇다면 호기심은 부정적 의미만을 담고 있을까요?

헐리우드의 유명한 영화제작자 '브라이언 그레이저Brian Grazar'는 《큐어리어스 마인드》라는 책을 통해 호기심이 자신의 인생을 어떻게 바꾸었는지를 보여주고 있습니다. 그는 이렇게 말합니다.

"호기심은 내게 모든 일이 가능하다고 속삭입니다. 호기심은 내 삶에서 성공과 행복의 문을 여는 열쇠입니다. 호기심은 내 인생의 가장 소중한 자질이고, 가장 중요한 원천이며, 핵심적인 동기입니다. 나는 호기심이 문화와 교육 분야에서 '창조'나 '혁신'만큼이나 의미 있는 가치가 되어야 한다고 생각합니다."

캘리포니아 남서부 산타모니타 해변 근처의 아파트에서 대학을 갓 졸업한 한 남자는 법학대학원을 진학할지 아니면 취업을 할지 고민하고 있습니다. 그때 창밖으로 지나가는 두 남자의 대화를 듣게 됩니다.

"워너브라더스 말이야, 매일 여덟 시간만큼의 일당을 받는데, 사실 한 시간 정도만 투자하면 되는 일이야. 진짜 식은 죽먹기 아니니?"

그들의 말에 솔깃해진 그는 곧장 워너브라더스에 전화를 걸어 구직에 대해 묻게 됩니다. 바로 다음날 그는 워너브라더스사에 법률사무원 자격으로 취직을 하게 됩니다. 그가 워너브라더스사에서 처음으로 맡은 일은 회사의 거래 상대에게 최종 계약서와 법률 서류를 전달하는 아주 간단한 업무였습니다. 낡은 자신의 차를 끌고 헐리우드와 베벌리힐스를 다니며 중요한 서류를 하나씩 배달하였습니다. 마치 택배 배달원처럼 말이죠.

얼마 지나지 않아 그는 이 단순한 업무에도 흥미로운 점이 있다는 것을 발견하게 됩니다. 그것은 바로 서류를 받게 되는 사람들에 관한 것입니다. 이 법률 서류들을 받게 되는 이들을 1970년대에 할리우드를 주름잡던 감독, 제작자, 영화배우 등이 주를 이루었습니다. 그런데 그런 사람들에게는 으레 비서나 집사가 있어 서류를 대신해서 받아주거나 보관해 주었습니다. 그는 거물급의 사람들을 만나보고 싶다는 생각이 들었습니다. 그들이 궁금했습니다. 호기심이 발동한 것입니다. 그래서 선수를 치기 시작했습니다. 유명인의 비서나 집사에게 법률 서류를 반드시 본인에게 직접 전달해야 한다고 말했습니다. 마치 구렁이가 담을 넘듯 생각보다 쉽게 일이 이루어졌습니다. 비서나 집사들은 아무런 의심 없이 그를 서류를 받아야 하는 유명인들에게 안내해 주었습니다. 서류를 받게 되는 사람들은 대부분 시간적, 정신적 여유가 있기 때문에 한낱 서류배달원인 그에게도 커피 한잔을 권하기도 했습니다. 그런 기회를 통해 그들과 조금씩 인맥을 쌓아갔고, 일과 관련된 조언을 얻기도 했습니다. 하지만 그는 유명인들에게 어떤 부탁 같은 것은 하지 않았습니다. 이것이 그가 그 유명인들과 친구가 될 수 있는 기회를 만들어 주었다고 합니다.

그가 호기심을 활용하는 가장 쉬운 방식은 이야기라고 합니다. 호기심을 활용해 이야기를 만들어갔습니다. 왜냐하면 그것이 그의 직업이기 때문입니다. 그는 《뷰티풀 마인드》로 아카데미 최우수상을 수상한 영화제작자입니다.

그는 이렇게 생각합니다. '새로운 이야기, 좋은 이야기에는 창의력과 독창성이 필요하다. 그러려면 번뜩이는 영감이 필요한데 이 영감은 호기심에서부터 시작된다'라고 했습니다. 작은 호기심에서 갖게 된 하찮은 서류배달원이라는 직업이 현재 그에게 헐리우드에서 엄청난 파워를 가진 인맥과 최고의 영화제작자라는 타이틀을 가질 수 있게 만들어주었습니다.

결국 호기심은 작은 재미로부터 시작되고, 이 작은 재미들이 모여 창의력이라는 결과물로 나타날 것입니다.

"구체적 방법 찾기"

세상의 흐름과 맞물려 창의성이 중요한 시대에 살고 있습니다. 학교의 교육도, 시험의 형태도, 직장의 업무도 창의적인 생각을 기반으로 하고 있습니다. 하지만 창의력을 키우거나 발전시키기 위한 구체적인 방법을 찾기는 쉽지 않습니다.

창의력 '업'을 위한 꿀팁 2가지를 알려드리겠습니다.

여러분은 혹시 '프레지Prezi'를 아시나요? 저는 이 프레젠테이션 툴을 정말 좋아합니다. 프레지Prezi는 클라우드 기반의 프레젠테이션 도구입니다. 프레지란 이름은 프레젠테이션의 앞부분에서 따온 말이며, 줌 효과로 화면을 전환하는 인터페이스Zoomable User Interface, ZUI로 유명합니다. 쉽게 말하면 프레젠테이션을 위해 만들어진 화면이 평면처럼 보이는 것이 아니라 입체적으로 느껴지도록 화면 구성을 변환할 수 있도록 되어있습니다. 이것을 이용한 프레젠테이션은 마치 3차원의 세상을 보는 듯한 느낌을 줍니다. 또한 이 툴은 사용하기 쉽습니다. 기존에 오픈되어 있는 다른 사람의 '프레지'를 이용하여 자신의 내용을 덮어쓰기만 해도 됩니다. 주제에 맞게 다양한 형태의 '프레지'를 골라 자신만의 새로운 프레젠테이션을 만들 수 있습니다. 이것은 창의력의 원천적 소스를 가지고 있지 못한 사람들에게 구체적 방법을 제시해주는 사례입니다. 이렇게 기존에 사용해보지 못했던 프레젠테이션 툴을 사용하는 것만으로도 우리는 창의적인 사람이 될 수 있습니다. '무'에서 '유'를 만들어 내는 것이 아니라 '유'에서 '더블유'를 만들어내는 더 좋은 방법입니다.

창의력을 키우는 또 다른 방법은 바로 독서입니다.

글이 모여 생각을 만들고 생각은 느낌을 전달해 줍니다. 책 속에는 다양한 주제와 소재로 이야기가 펼쳐집니다. 어떤 훌륭한 선생님보다 책은 많은 것을 우리에게 가르쳐줄 수 있습니다. 하지만 스마트폰 세상 속에 살고 있는 현대인들은 시간을 내어 책을 읽기란 쉽지 않습니다. 책 한 권을 다 읽을 필요성은 없습니다. 관심 가는 분야의 책을 읽되, 그냥 흘려 읽어서는 안 됩니다.

신정철의 《메모 습관의 힘》을 보면 창의성을 가지기 위해서는 메모가 중요한 역할을 한다고 했습니다. 그는 책을 읽으면서 특히 중요하다고 생각되는 부분, 가장 인상 깊다고 생각된 부분을 노트에 옮겨 적습니다. 그리고 난 후 책을 읽으면서 떠오르는 생각들을 간간히 노트에 또 메모한다고 합니다. 이것들이 쌓여 후에 자신의 생각으로 발전되고, 그 생각들이 창의력으로 발전할 수 있었다고 합니다.

미래의 다른 직업을 찾고 있는 친구에게 이렇게 말해주세요!

"네가 현재 무슨 일을 하고 있고, 앞으로 어떤 일을 하게 될지는 중요하지 않아. 단지 네가 미래에 하게 될 일은 반드시 창의력이 기반이 되는 일이어야 하고 산업과의 연계성이 있어야만 해. 창의력을 바탕으로 하는 일을 해야만 그 일을 다른 사람이 대신할 수 없고, 너의 존재감이 결국 미래의 생존경쟁에서 살아남도록 만들거야."

동료가 월급을
얼마 받는지 알아야 할까?

여러분은 월급을 얼마 받으시죠? 소개팅에서 상대방이 이런 질문을 했다면 바로 자리를 박차고 나오고 싶겠죠? 그렇다면 당신은 회사에서 바로 옆자리 동료가 월급을 얼마 받는지 아시나요? 소리 내서 대답하지는 말아 주시길 바랍니다. 머릿속으로만 그 숫자를 생각해 두세요.

이런 질문들 자체가 조금은 불편함을 느끼게 한다는 것을 저도 잘 압니다. 하지만 당신도 마음속으로는 동료 또는 상사들의 월급이 얼마인지 다 알고 싶다는 생각을 한번쯤은 해보셨을 것입니다. 회사에서는 이런 것을 최대한 알지 못하게 하고 있습니다. 그 이유는 아마 누가 얼마를 받는지 서로가 다 알게 되면 영화 '부산행' 열차에 올라타는 것과 같은 상황이 펼쳐질 수 있기 때문입니다. 좀비가 된 사람과 그렇지 않은 사람들이 서로 물어뜯으며 싸우는 광경이 펼쳐질 수 있겠죠?

반대로 누가 월급을 얼마 받는지 공개함으로써 회사 내부의 공정성과 협력의 분위기가 높아진다면 어떨까요? 연봉이 투명하게 공개된다면 어떤 일이 일어날까요?

회사를 운영함에 있어 연봉 책정의 투명성이 보장되고 급여가 회사 전체에 공개되면 직원과 조직 모두에게 있어서 더 나은 조직문화가 만들어진다는 결과가 나왔습니다.

일반적으로 동료와 비교해서 자신이 급여를 얼마 받는지 모른다면 대부분의 사람들은 자신의 보수가 적다고 느낀다고 합니다. 연봉을 협상할 수 있도록 노동자 권리를 법으로 보호하고 있고 실상 동료 간의 급여 차이가 크지 않음에도 불구하고 왠지 모르게 이 부분에 대해서는 서로 쉬쉬하는 경향이 있습니다.

미국 내 출판 관련 회사에서 경영진이 사내 이메일로 이런 내용을 전 직원에게 보낸 적이 있습니다. 그것은 직원 간의 급여에 대한 논의를 금지한다는 것이었습니다. 그러자 직원들끼리 회의실에 둘러 앉아 급여의 투명성에 대해 이야기한 끝에 다음날 자신의 급여액이 쓰인 푯말을 각자 목에 걸고 출근했다고 합니다. 직장에 그러고 간다고 상상을 한 번 해보십시오. 마치 여러분이 값이 매겨져 있는 투뿔 등심 소고기처럼 느껴질 것입니다.

그런데 왜 회사는 급여 협상을 못하게 만들고 싶어 할까요?

사실 급여의 비밀 유지는 비용을 절약하기 위해서입니다. 직원들은 어느 누구도 이 사실을 눈치 채지 못하고 있습니다. 인사담당자가 실수로 모든 직원들의 급여명세서를 복사기 위에 두었다고 가정해봅시다. 이 내용이 회사 내 전체에 본의 아니게 공개되었습니다. 어떻게 될까요? 혹시라도 같은 직급의 직원끼리 또는 입사 연수가 같은 직원 사이에서 급여 차이가 있다는 것을 알게 된다면 큰 혼란이 야기될 것입니다.

여기 다른 종류의 기업이 있습니다.

플랫폼 마케팅을 분석하는 이 기업의 경영자는 회사를 창업할 때부터 급여를 공개적으로 밝혔습니다. 그러자 우리가 예상한 것보다 더 놀라운 결과를 가져왔습니다. 직원들은 자신의 급여 수준을 알고 더 높은 급여를 받기 위해 성과를 높이려고 노력하고 일에 더 몰입한다는 것을 알게 되었습니다.

(TED David Burkus:
Why you should know how much your coworker get paid 내용을 재구성 함)

우리나라 현실에 맞게 급여 투명성을 높이는 방법에 대해 생각해보겠습니다.

한국인에게는 '모임'의 문화가 많습니다. 직장 내 동호회, 회식, 동창회, 친구 생일파티 모임, 친구 결혼 축하 모임 등 다양하고 폭넓은 '모임' 문화에 젖어 있습니다. 왜 그럴까요? 바로 '유흥'을 즐기는 문화와도 연관성이 있습니다. 한국 사람들은 퇴근 후 여가시간에 가족과 시간을 보내기보다는 주로 음주, 가무의

문화를 즐기는 편입니다. 특히 직장 내에서는 단합과 화합이라는 명분 아래 '회식'도 많이 합니다. 회식에서는 술을 마시거나 노래방에 가는 코스가 언제나 빠지지 않습니다. 이런 음주가무 속에서 평소에 마음에 담고 있던 이야기를 술김에 털어 놓기도 하고, 회사 업무 중에 할 수 없었던 회사 안팎의 문제들을 서로 이야기 나눕니다. 이것은 분명 없어져야 할 문화라고 말하기는 어렵습니다. 저도 일반 사무직으로 회사생활을 해본 경험이 있습니다. 회식을 통해 평소 대화하기 힘들었던 사장님과 소탈하게 대화를 나눈 경험도 있고, 평소 말을 잘 섞지 않던 동료와 술에 취해 어깨동무하며 노래방에서 노래를 부른 적도 있습니다. 이런 문화는 바로 릴리즈release, 즉 몸과 마음의 상태가 무장해제 되게 만들어 줍니다. 급여의 투명성도 이것과 같은 원리가 적용돼야 한다고 생각합니다. 그러기 위헤서는 조직문회가 서로를 향해 열려 있고, 동료의 급여 수준을 알게 된다고 해서 나보다 높은 급여를 받는 동료를 질투하는 마음을 갖지 않는 상태가 되어야 합니다.

또한 급여를 투명하게 하기 위해 회사의 내부적인 자료를 이용해야 합니다. 호봉별로, 직급별로 표준화된 급여 수준을 제시하는 표를 같이 첨부하는 것도 좋은 방법입니다. 표준화된 급여 수준보다 높은 급여를 받는 직원에 관한 자료는 좀 더 구체적으로 밝혀줘야 합니다. 같은 직급에서 당신보다 높은 급여를 받는 직원의 업무성취도를 회사에서 구체적으로 제시한다면, 더 나은 연봉 협상을 위해 자신의 업무태도를 다시 한 번 생각하게 될 것입니다.

 동료가 얼마의 연봉을 받는지 궁금해 하는 친구에게 이렇게 말해주세요!

"동료가 월급을 얼마 받는지 알아야 하는 이유가 뭐야? 단순한 호기심은 아니지? 너와 같은 직급의 동료가 너보다 더 높은 연봉을 받는다는 사실을 알게 되면 넌 어떨 것 같아? 중요한 것은 급여의 투명성이 주는 속시원함이 아니라 급여가 투명하기 때문에 너의 동료보다 더 많은 급여를 받고 싶다면 더 열심히 일해야 한다는 결론을 얻게 된다는 점이야."

직장·단체 생활에서 왜 어김없이
인간관계에 문제가 생기는 걸까?

우리는 사회생활 속에서 어김없이 인간관계에 문제가 있음을 깨닫게 됩니다. 정작 그 문제의 근원이 무엇인지 스스로도 알기 어렵습니다. 문제의 해답을 찾기 위해 우리는 과거로의 시간여행을 떠나려고 합니다. 왜냐하면 모든 문제는 과거에 있기 때문입니다.

사회생활의 첫 시작이 가족 간의 관계이고, 처음 접하는 가장 큰 사회가 유치원이었으니 거기서부터 사람을 대하는 방식에 문제가 있었던 것이 아닐까 하는 타당한 의심을 해보아야 합니다. 여러분을 이 세상에 태어나게 해주고 가장 애착관계가 깊었던 어머니가 당신을 양육할 때 어떤 방식으로 대했는지 떠올려보아야 합니다. 어머니의 태도는 인간관계에서 내가 사람을 대하는 태도와 아주 흡사하다는 것을 발견할 수 있습니다.

얼마 전 제가 인상 깊게 보았던 강연이 있습니다. 소통 전문가인 김창옥 씨의 강연에서 그는 모국어를 잘 사용하는 배우자를 만나야 한다는 말을 하였습니다. 여기서 말하는 모국어란 바로 어린 시절 엄마와 대화할 때 사용했던 대화방식을 말하는 것입니다. 엄마의 대화 방식이 유쾌하고 긍정적이었다면 그 사람은 성인이 되어서 배우자나 친구, 동료에게도 이런 대화방식을 사용한다는 뜻입니다. 만약 당신 스스로가 또는 주변 사람이 인간관계에 문제를 많이 겪고 있다면 그 사람은 어린 시절 엄마의 대화방식이나 표현 방식이 부정적이었을 가능성이 높습니다. 이런 과거에 대한 이해가 수반이 되어야 왜 인간관계에서 항상 문제가 생기는 것인지를 알 수 있게 되는 것입니다.

인간은 무의식의 세계가 의식으로 드러나는 경험을 할 수 있는 복잡한 뇌 구조를 가지고 있습니다. 무의식 속에 있는 동기와 바람, 두려움이 우리가 정보를 처리하는 방식을 형성한다고 할 수 있습니다. 인간은 생각하고 느끼는 것처럼 되길 희망하고 실제로 그것에 따라 행동합니다. 또한 우리의 판단은 이기고 싶어 하는 편으로 기웁니다. 이러한 예는 우리 생활 속에서도 쉽게 찾아볼 수 있습니다. 직장 내에서 인간관계의 편을 나누게 된다거나 투표를 할 때 선호도가 뚜렷한 것만 봐도 쉽게 이해가 됩니다.

왜 사람들은 자신의 편견과 선입견 속에서 객관적 사실을 외면하려고 하는 것일까요? 바로 '감정' 때문입니다. 사람의 무의식에는 방어적 기제나 결핍으로 인해 타인에 대해 배타적인 감정을 가지는 경우가 있습니다. 이것은 같은 감정을 가지거나 이념을 가진 사람들끼리 뭉치면 더욱 증폭되기 마련입니다. 그래서 조직 내의 분열과 편가르기가 생기는지도 모릅니다.

생텍쥐베리는 이런 말을 했습니다.

"배를 만들고 싶다면 사람들을 몰아쳐 나무를 모으도록 명령하고, 일감을 나누어 주지 마라. 대신 끝없이 펼쳐진 광대한 바다를 사람들이 갈망하도록 가르쳐 주라"

이것은 개인으로서 더 좋은 판단을 하고 싶다면 사회의 일원이 되어야 한다는 뜻이며, 논리적 생각이나 판단보다는 마음자세가 중요하다는 것을 표현한 말입니다.

우리는 사회 속에서 살아갈 수밖에 없고, 직장, 학교 등 어떤 단체에 속할 수밖에 없는 인간입니다.

(TED Julia Galef: How and why people change their minds 내용을 재구성함)

사람들은 누구나 자신만의 잣대와 기준을 가지고 상황과 현실을 이해하고 판단합니다. 인간관계 속에서 갈등은 당연한 것입니다. 나와 똑같은 모습과 생각을 가진 사람이 이 지구상에 존재한다면야 갈등은 제로가 될 수 있을지 모릅니다.

저에게는 6살 난 쌍둥이 딸이 있습니다. 쌍둥이 딸을 두었다고 말하면 주변 사람들은 자주 묻고는 합니다. "왜 같은 옷 안

입혀요?", "성격이 많이 다른가 봐요?", "먹는 것도 다르네요" 등등 쌍둥이에 대해 가지고 있는 무의식적인 편견으로 둘이 똑같지는 않아도 비슷할 거라고 생각하며 이런 질문들을 하는 것입니다. 하지만 둘은 같은 날 약 2분 정도의 차이를 두고 태어났는데도 많은 부분이 서로 다릅니다. 딸들은 아직 어리지만 하나의 인격체로서 자신이 좋아하는 음식, 색, 옷 스타일을 주장하며 자신들만의 세상을 그려나갑니다. 그 작고 귀여운 세상 속에서도 갈등과 다툼은 하루에도 열두 번씩이 아니라, 백스무 번씩 일어납니다. 처음에는 엄마로, 어른의 입장으로 달래고 중재하는 노력을 기울였습니다. 지금은 약간 방관하며 서로가 타협점을 찾아 해결해나가도록 지켜보는 쪽을 택하고 있습니다. 저의 이런 태도 변화는 '2명 이상의 사람이 있는 모든 곳에는 서로 다른 의견으로 인한 갈등이 생겨날 수 있다'는 생각에서 비롯되었습니다.

사람들은 의도적으로 자신이 생각하는 방향대로 행동하고 말합니다.

이곳은 일반적인 직장의 점심시간입니다. 직장 내에서 입사 동기인 A와 당신은 아주 친합니다. 같이 점심을 먹으러 백반정식을 맛있게 하는 회사 근처의 식당에 갔습니다. 동료 A가 화장실을 간 사이 점심메뉴를 당신 것과 같은 것으로 시켰더니 A가 짜증을 냅니다. 갑자기 당신은 A에 대한 감정이 나빠졌습니다. 그 후 당신은 그 나쁜 감정의 기류가 감정 속에서 살아있음을 느낍니다. A에 대한 개인적 감정이 공적인 부분에도 영향을 미칩니다. '나는 A가 별로야. 같은 팀에서 일하는 것이 싫어'라는 생각을 다른 동료에게 자신도 모르게 말해버립니다.

부서 이동의 기회가 왔을 때 자발적으로 제일 먼저 당신은 자원을 할 수도 있을 것입니다. 그 부서 이동이 당신에게 '적합하다', '적합하지 않다'는 생각을 하기보다는 '부서를 이동하는 것이 당연히 더 나을 것이야'라는 생각을 하게 된 것입니다. 그 이유는 바로 친했지만 지금은 심적 거리를 두고 있는 동료 A에 대한 감정 때문입니다.

어쩔 수 없이 모든 인간관계에는 갈등이 생길 수 있고, 작고 사소한 문제들은 서로 이해하는 노력을 해야 한다는 것을 잘 압니다. 하지만 잘 되지 않죠. 여기서 여러분께 좀 더 나은 인간관계를 위한 구체적 해답을 제시해 드리겠습니다.

좋은 인간관계의 형성과 유지에는 법칙이 존재합니다.

▶ 3good 1bad

상대방에 대한 불만을 이야기할 때는 상대방의 좋은 점 3가지를 우선적으로 말하고 나쁜 점 1가지를 같이 이야기합니다. 어떤 인간관계든 서로 간의 불만이나 서운한 점이 생길 수 있습니다. 그동안 상대방에 대해 고마웠던 점을 3가지 이상 구체적으로 이야기하고 나서 불만을 가지는 부분을 한마디로 정리해서 말하는 것이 좋습니다. 이때 가급적이면 불만에 대해서는 짧게 이야기하고 넘어가는 것이 더욱 좋습니다. 누구나 얼굴 붉히는 이야기는 오래하고 싶어 하지 않기 때문입니다. 그렇게 한다면 상대방이 나에게 말해준 좋은 부분들로 인해 나쁜 감정은 오래지 않아 상쇄될 수 있습니다. 감정이라는 것도 결국은 순간적인 것입니다. 순간은 사라지지만 동료는 내가 퇴직하지 않는 한 영원하다는 것을 잊지 마시길 바랍니다.

▶ 2h

상대방에 대해 2가지 이상 진솔하게honest 칭찬하되, 항상 솔직함이 묻어나야 합니다. 칭찬과 아첨의 차이는 진심의 여부에 있습니다. 진심이 우러나는 칭찬은 누가 들어도 기분 좋지만, 진심이 담기지 않은 아첨을 들으면 왠지 찝찝합니다. 물론 이런 눈치나 센스가 없는 사람에 대해서는 그냥 계속 아첨만 해줘도 됩니다.

사람들은 대개 생각의 중심에 스스로를 둡니다. 아침에 일어나 출근길에 나서면서부터 '만원버스에 내가 앉을 자리가 꼭 있어야 되는데', 저녁에 퇴근해 집에 돌아와 '내가 먹을 음식이 많이 남아 있어야 되는데' 하는 것과 같이 자신에 대한 생각이 우선입니다. 잠시 5분만 이 생각의 중심을 '나'에서 '너'로 옮겨보는 것도 좋은 방법입니다. 특히 상대방의 장점에 대한 생각으로 이것을 채워봅니다. '나 아닌 다른 모든 사람이 다 책이다'라는 외국의 속담이 있습니다. 이것은 내가 가진 생각보다 더 뛰어난 사상과 관념이 다른 사람에게서 나올 수 있다는 뜻입니다. 이처럼 다른 사람의 장점에 대해 시간을 투자하여 생각해본 후 솔직하게 입 밖으로 내면 됩니다.

▶ 2e

상대방이 열렬하게 간절히 바라는 것eager을 장려encourage해줍니다. 6살 쌍둥이 딸들은 다른 아이들과 마찬가지로 아침밥을 먹기 싫어합니다. 그리고 그 아이들은 '언니'인 척하는 것을 좋아합니다.

어느 날 아침 딸들에게 "너희가 이제 언니가 된 것 같으니, 아침밥은 너희가 준비해 볼래?"라고 말했습니다. 딸들은 약간은 들뜬 표정으로 한 명은 "엄마 내가 콘플레이크 꺼내올게요"라고 존댓말로 어른스럽게 말했습니다. 다른 한 명은 "엄마, 내기 우유 꺼내올게요"라고 말하며, 작은 키 때문에 손이 닿지 않는 냉장고 선반에 올라가려고 작은 의자를 끌고 왔습니다. 그 후 아이들은 식탁에 나란히 앉아서 "엄마 내가 오늘 아침밥을 맛있게 만들었어요. 저 언니 되는 거 맞죠?"라며 웃었습니다. 엄마가 먹으라고 채근하지 않았는데도 콘플레이크와 우유가 가득 담긴 그릇을 다 비웠습니다. 아이들은 아침을 준비하면서 자신이 진정으로 갈망하는 일을 찾았기에 맛있게 먹을 수 있었던 것이라고 저는 생각합니다.

인간은 누구나 열렬하게 바라는 것이 있습니다. 직장 내에서 일을 분담할 때나 사소한 사무실 정리에도 선호도가 분명히 존재합니다. 상대방의 기호를 알아내고 상대방이 원하는 것을 할 수 있도록 도와주고 용기를 북돋아 주는 것이야말로 좋은 인간관계를 유지하게 하는 비법입니다.

우리는 어떤 인관간계에서든 자신이 상대방에게 가지고 있는 의도를 정확하고 객관적으로 통찰해야 합니다. 또한 감정을 배제하고 상대방의 장점을 평가할 필요성이 있습니다. 장점에 대한 평가는 상대방과 나와의 거리를 좁히는 방법이자 내가 상대방을 통해 무엇을 얻을 수 있으며, 나에게 이익이 되는 부분이 무엇인지 알아낼 수 있는 방법입니다. 우리는 결국 스스로의 이익을 위해 직장 내에서 인간관계를 맺으며 공존해야 한다는 사실을 인정해야만 합니다.

★ 직장 내에서 인간관계로 힘들어하는 친구에게 이렇게 말해주세요!

"모든 사회생활 속에서 인간관계가 생기지 않는 경우는 아예 없다고 말해도 될 정도야. 그런데 그 문제가 내 문제에서 시작된 것인지 아니면 상대방의 태도에서 시작된 것인지 객관적인 판단을 먼저 할 필요가 있어. 그 다음으로 최대한 감정을 배제하고 상대방의 긍정적인 면을 보려고 노력해야 해. 결국 그런 노력은 손해를 주는 것이 아니라 오히려 내게 이익을 가져온다고 믿어봐.**"**

경력단절을 이겨내고
재취업하는 방법은 없을까?

　　노부모 부양이나 자녀 양육 혹은 개인적인 여가활동을 위해서, 또는 건강상의 이유로 직장을 떠났던 사람들, 또 한편으로는 다른 진로로 커리어를 변경하는 과정인 경우에 있는 사람들, 그들을 우리는 모두 '재취업자'라고 부릅니다.

　　여러분도 알다시피 경력 공백을 깨고 다시 직장을 잡는 일은 생각보다 더 어렵습니다. 왜냐하면 고용주와 재취업자 사이의 단절감 때문입니다. 경력에 공백이 있는 사람을 고용하는 일은 고용주에겐 위험부담이 큽니다. 그리고 경력에 공백이 있었던 사람들은 재취업할 능력을 가졌는지 스스로를 의심하는데 그것이 은연중에 드러납니다. 이런 현상은 경력의 공백 기간이 길면 길수록 더 심합니다.

　　여러분이 예상하는 것보다 경력 공백 후 재취업에 성공한 이들은 다양한 분야에 걸쳐 쉽게 찾아볼 수 있습니다.

《엄마 말고 나로 살기》의 저자 조우관 씨는 30대에 결혼한 후 경력이 단절된 여자였습니다. 그녀에게는 남들에게 말하고 싶지 않은 불우한 어린 시절이 있었습니다. 그런 성장배경은 그녀가 오히려 정상적인 가정을 만들고 스스로가 부모님과는 다른 삶을 살게 해주는 원동력이 되었다고 합니다. 또한 아이를 출산하고 경력단절이 된 상황에서 그 현실을 어떻게 받아들여야 하고, 상황을 바꾸기 위해 어떤 생각과 태도를 가져야 되는지 스스로 고민하게 만들었다고 합니다.

그녀는 먼저 자신의 꿈을 다시 한 번 상기하고, 그 꿈이 미래 자신의 모습의 척도가 될 것이라는 생각을 가지라고 말합니다. 꿈을 가진 엄마는 자녀에게 롤모델이 될 뿐만 아니라 주변의 비슷한 처지에 놓여 있는 친구와 지인들에게 희망의 표본이 될 수 있다고 합니다.

두 번째로 자신의 현재 상태를 객관적으로 바라보고, 재취업을 위한 현실적인 노력을 해야 한다고 합니다. 이력서를 다시 쓰고, 지원하고자 하는 직무와 관련한 자격증을 취득하는 노력이 필요합니다. 더 나아가 새로운 회사에 지원하기 위해 최대한의 인맥을 활용하고 명확한 미래의 설계도를 머릿속에 그려야 한다고 합니다.

마지막으로는 재취업이 된 후 자신이 현재 받는 월급이 적더라도 미래의 비전을 향해 일해야 한다고 합니다. 결국 자신의 가치는 자신이 정하는 것이며 잠재력을 끌어 올려 목표를 향해 가야 한다는 충고를 하였습니다.

그녀의 이야기를 통해 저 자신도 비슷한 처지에 놓여 있을 때 느꼈던 자괴감에서 조금은 자유로워질 수 있었습니다. 그리고 미래의 내 모습을 상상하며 미소 지을 수 있게 되었습니다. 언제나 시작은 아주 작을 수 있습니다. 하지만 미래가 꼭 그 시작의 틀 속에 갇혀 있을 것이라고 생각하지 않습니다.

여러분이 현재 경력 단절된 사람이라고 가정해 봅시다.

무언가 새로운 일을 찾고, 경력단절을 벗어나기 위해 과거에 같이 일했거나 학교를 같이 다녔던 사람들에게 연락을 하기 시작합니다. 아마도 그 사람들의 대부분은 여러분을 경력 공백기 이전의 모습으로 기억하고 있을 것이 분명합니다. 시간이 지남에 따라 모습이 바뀔 수 있다는 것이 당연한데도 말이죠. 아이를 출산한 후라도 당신의 전 직장 동료는 당신이 살을 빼서 나타나 주기를 기대할지도 모릅니다. 우리의 사회가 그런 것들을 요구하고 있습니다.

캐롤도 경력공백기가 꽤 길었던 경력단절녀였습니다. 공백기동안 그녀는 업계의 동향에 대해 잘 모르고 지내왔습니다. 사실 그녀는 예전에 금융 분야에서 일을 했습니다. 집에서 어린 아이

넷을 돌보기 시작하면서 어떤 뉴스도 볼 시간이 없었습니다. 그녀가 재취업을 결심하게 되었을 때 첫 번째로 한 일이 있습니다. 바로 월스트리트 저널을 다시 구독하기 시작한 것입니다. 대략 6개월 동안 경영경제 관련 기사들을 처음부터 끝까지 읽고 나서야 업계에서 일어나는 일들을 다시 이해하고 있다는 생각이 들었습니다.

남자들의 경우도 비슷한 사례들을 얼마든지 찾아볼 수 있습니다. 아주 가까운 곳에서도 그 예를 찾을 수 있습니다. 바로 저의 남편입니다. 남편은 육아휴직으로 2년의 공백기를 가졌습니다. 현재 그는 자신의 업무로 돌아가 업계의 동향을 하나하나 파악해 가며 일에 적응해 갔습니다. 남자들의 경우도 여성처럼 아이 양육을 위한 휴직으로 경력이 단절될 수 있습니다. 또는 직장생활을 하다가 개인 사업으로 커리어를 전환한 후 사업에 실패해 다시 전 직장이나 동종업의 직업을 구하려고 하는 경우도 있을 수 있습니다. 경력의 공백이 생기는 상황은 남녀의 차이가 더 이상 존재하지 않습니다.

문제는 고용주들이 재취업의 고용에 있어 2가지를 우려한다는 것입니다.

첫 번째로, 고용주는 채취업자들이 기술적으로 뒤쳐질 것에 대해 염려합니다.

여러분이 기술적인 측면에서 뒤쳐졌다는 것은 일시적인 현상일 뿐입니다. 캐롤이 경력공백을 깨고 재취업했을 때 파워포인트를 배우는 일은 더 힘들었다고 말합니다. 하지만 지금은 늘 파워포인트를 사용하고 있습니다. 기술은 반복적으로 익히면 일정 시간이 지나 익숙해지는 부분입니다. 그 기술이 어떤 종류의 것이든 직무와 연관 있는 것이라면 누구나 배울 수 있습니다. 재취업자들은 기존의 직원들보다 더 열정적으로 기술을 익히고자 하는 자세와 열정을 보여주어야 합니다.

두 번째로 고용주들은 재취업자 본인들이 무슨 일을 하고 싶어 하는지 잘 모른다는 점을 염려합니다. 그저 경력단절에서 벗어나 일을 하고 싶다는 의욕만이 앞서 보일 수 있습니다. 재취업을 하고자 할 때 스스로에 대한 객관적 평가를 바탕으로 자신의 기치를 더할 수 있는 직장올 찾고 이필할 수 있이야 힙니다.

경력이 단절된 사람들을 도와주는 일을 하는 한 여자가 있습니다. 그녀도 과거에는 재취업을 위해 고군분투했지만 현재는 유능한 커리어 컨설턴트로 일하고 있습니다. 그녀는 10년 넘게 재취업 관련 컨설팅 프로그램들을 운영해왔습니다. 그러던 중 2010년에 재취업 인턴프로그램을 골드만삭스에서 시행한다는 것을 알게 되었습니다. 이는 경력이 있는 재취업자들에게 인턴으로 일할 기회를 제공하고 그들 중 업무 적응도가 뛰어난 사람을 선발하여 취업시키는 것입니다. 이것은 단기간 동안 보수를 받고 일을 하는 것으로 일종의 인턴십 같은 것입니다. 이를 통해 경력 있는 전문 인력들이 재취업하게 되는 사례들도 나오게 되었다고 합니다.

(TED Carol Fishman Cohen:

How to get back to work after a career break 내용을 재구성함)

위의 사례와 비슷한 상황을 소재로 한 영화가 있습니다. 바로 《인턴》이라는 헐리우드 영화입니다. 앤헤서웨이와 로버트 드니로 주연의, 출연진만으로도 구미가 당기는 영화였습니다. 저는 이 영화를 조조로 혼자 즐기면서 보았기 때문에 더욱 생생하게 머릿속에 남아 있습니다.

영화의 내용은, 언뜻 보면 창업 1년 반 만에 약 200명이 넘는 직원을 거느린 온라인패션몰 여성 CEO의 이야기인 것처럼 보입니다. 하지만 영화의 초점은 영화제목처럼 이 회사에 입사한 70세 '인턴'에게 향해있습니다. 영화에서 CEO인 줄스 오스틴은 회사의 이미지 상승 차원에서 노인 인턴을 채용하자는 인사부 담당자의 말을 흘려듣고 허락합니다. 처음에 노인 인턴인 벤이 오자 일에 방해만 될 거라고 생각합니다. 하지만 벤은 삶의 경험에서 우러나오는 진솔함으로 직원들과 친구가 되고 조언자가 되어 갑니다. 그러던 중 줄스는 남편의 외도와 아이 양육과 관련한 갈등에서 헤매며 절망감에 빠지게 됩니다. 벤은 줄스의 비서 역할과 운전사 역할을 자청하며 그녀에게 안식과 위안을 줍니다. 그렇게 둘은 친구가 되어갑니다.

한국에는 영화와 같이 노인 인턴 형식의 재취업 프로그램은 없습니다. 여기서 생각해 봐야 할 부분은 재취업을 원하는 사람들의 상황은 다 다르다는 것입니다. 그러나 고용주 입장에서 재취업하고자 하는 사람들에게 원하는 것은 비슷할 것입니다. 바로 새로운 직장에서 재취업자가 보여주는 태도입니다. 사람을 대하는 태도, 업무에 임하는 태도가 벤처럼 긍정적이고, 현명하고, 적극적이라면 재취업자라도 누구나 환영받을 것입니다. 그러므로 영화 《인턴》처럼 재취업하게 될 때의 자신의 모습을 상상해 보셔야 합니다.

우선 재취업을 위해서는 준비하는 과정이 필요합니다. 준비 과정 속에서 재취업자가 지켜야 할 DO(해야 되는 것)/ DO NOT(하면 안 되는 것)에 대해 생각해 보도록 하겠습니다.

DO: 해야 되는 것

⑴ 주변에 재취업 의사가 있음을 적극적으로 알린다.

⑵ 이력서를 최소한 100통은 써본다.

⑶ 기존에 했던 직무가 아니더라도 새로운 직업에 대한 구상을 해본다.

⑷ 컴퓨터 활용능력을 업데이트한다.

⑸ 업계의 정보 수집을 위해 전 직장동료들과 사적으로 만

남을 가진다.

⑹ 재취업 교육프로그램을 수강한다.

⑺ 건강한 몸과 다이어트를 위해 운동을 시작한다.

⑻ 경제적으로 여유가 있다면 피부미용 시술, 헤어스타일 변경 정도는 해보는 것을 권한다.

⑼ 다양한 구직 사이트에 회원 가입한다.

⑽ 물질이나 인맥으로 낙하산 같은 취업이 가능하다는 생각은 버려야 한다.

DO NOT: 하면 안 되는 것

⑴ 재취업 의사가 있다고 해서 주변 사람에게 조른다.

⑵ 같은 내용의 이력서를 여러 장 쓴다.

⑶ 새로운 직업에 대한 도전 또한 자신의 적성과 흥미에 따라가지 않는다.

⑷ 쓸데없는 자격증을 따기 위해 시간을 투자한다.

⑸ 전 직장동료들과의 루머에 휩싸여서 평판을 나쁘게 한다.

⑹ 금전을 요구하는 재취업 프로그램에 참가한다.

⑺ 과한 성형수술이나 다이어트를 해서 외모의 변화를 크게 준다.

⑻ 재취업의 조급함으로 주변 사람에게 스트레스를 준다.

⑼ 재취업을 위해서라면 수단과 방법을 가리지 않겠다고 생각한다.

⑩ 재취업이 모든 것을 해결할 거라고 생각한다.

★ **경력단절로 재취업을 준비하는 친구에게 이렇게 말해주세요!**

"너와 같은 처지에 있는 사람은 주변에 너무나 많아. 하지만 경력단절을 깨고 나와 재취업을 하기 위해서는 여러 가지 준비가 필요해. 우선 네가 회사의 고용주 입장에서 생각해봐. 경력 단절된 사람을 채용할 때 어떤 부분을 걱정하고 우려할지에 대해서 생각해보면 네가 앞으로 무엇을 준비해야 할지 답을 찾을 수 있어."

신입사원도 완벽한
이력서를 가져야 할까?

여러분이 어떤 회사의 인사담당자라고 가정해보겠습니다. 신입직원을 채용하기로 하고 온라인에 채용 공고를 올리고 난 후 올라온 이력서들을 하나둘씩 살펴봅니다.

여기서 아주 상황이 다른 2명의 예를 한 번 들어 보겠습니다.

A지원자   일류대학 졸업, 학점 평균 4.0, 동종업계 회사의 임원 추천서

B지원자   지방대 졸업, 이직을 한 경험 많음, 아르바이트 경험 많음

일단은 둘 다 업무 특성에 맞는 사람이라고 가정을 합니다. 여러분이 만약 인사담당자라면 또는 최고경영자라면 둘 중 누

구를 고르시겠습니까?

면접을 봐야 알겠지만 대부분 A지원자라고 답하실 겁니다.

사람들은 흔히 이렇게 말합니다. A지원자는 금수저, B지원자는 흙수저라고요.

A지원자는 성공하기에 유리한 위치에 있는 사람입니다. B지원자는 반대로 성공할 가능성이 매우 낮은 위치에 있습니다. 하지만 아직 우리는 객관적 팩트만으로 어떤 사람을 판단하기에는 이릅니다. 특히 인사담당자들은 다년간의 경험을 통해 단순하게 스펙이 좋다고 해서 취업 후 업무 능력이 뛰어난 것이 아니라는 것을 잘 알고 있습니다.

인사담당자들은 이력서를 항상 면밀히 검토합니다. 다양한 경력의 이력서를 가졌다고 해서 인사담당자들이 선호하는 것이 아니라는 사실을 여러분이 꼭 아셔야 합니다. 다양한 경력이라는 것은 한 가지에 집중을 하지 못했다는 것을 의미할 수도 있습니다. 반면 지원분야와 관련한 몇 가지의 경험을 가졌고 그것에서 눈부신 성과가 있었다면 인사담당자들은 그 사람을 숨어있던 진주라고 생각할 것입니다.

여기 어린 시절 입양된 한 남자아이가 있습니다. 그는 대학도 졸업하지 못했습니다. 여러 직장을 전전했고 인도에서도 일년간 산 특이한 경험도 있으며 난독증이 심합니다. 여러분이 인사담당자라면 이 남자를 고용하시겠습니까? "아니요"라는 대답을 대부분 하실 것입니다. 하지만 제가 이 말을 한다면 여러분의 생각이 달라지시겠죠? 그의 이름은 '스티브 잡스'입니다.

세계적으로 유명한 영화배우 톰 크루즈도 난독증을 가지고 있습니다. 그는 난독증이 오히려 자신의 연기를 더 깊이 있고 빛나도록 해준다고 믿습니다. 오랜 그의 팬인 저의 눈에도 그가 출연하는 어떤 영화를 봐도 진심이 우러나고 있음을 느낄 수 있습니다.

(TED Regina Hartley:

Why the best hire might not have the perfect resume 내용을 재구성함)

여러분이 대학을 갓 졸업한 상황으로 구직활동을 하고 있다고 생각해 봅니다. 당신은 금수저가 아닙니다. 남들보다 더 나은 이력들도 가지고 있지 않습니다. 그렇다고 취업 전쟁에서 마냥 쓰러지겠습니까? 아니면 좌절과 실패를 맛보더라고 도전하고 또 도전하시겠습니까?

당신은 신입사원이 되기 위해 무언가를 갖추었다고 생각하십니까?

신입사원이라는 타이틀도 대학을 졸업하면 그냥 저절로 떨어지는 구호품이 아닙니다. 신입사원이 되기 위해서도 많은 조건들이 충족되어야 합니다.

지금부터 취업준비생에서부터 신입사원 2~3년차 정도 되는 직원들이 꼭 알아야 할 것들에 대해 이야기해 보겠습니다.

《신입사원의 조건》이라는 책에 이런 말이 쓰여 있습니다.

"금이라고 해서 다 반짝이는 것이 아니다. 이처럼 신입사원이라고 해서 다 같은 신입사원이 아니다"

이 한 문장에는 깊은 뜻이 숨어 있습니다. 대학 생활 동안에는 졸업 후의 취업을 준비하기 위해 학점관리, 토익점수 높이기, 봉사활동, 동아리 활동, 해외연수 등 다방면에서의 스펙을 쌓아갑니다. 하지만 바로 이것에 함정이 있습니다. 당신과 같은 과의 다른 친구들은 모두 다른 배경과 환경에서 살았습니다. 그리고 원하는 직업과 관심분야도 매우 다릅니다. 그런데도 우리는 거의 비슷한 경험과 스펙을 쌓으려고만 노력합니다. 아무도 차별성에 관해서는 생각을 하지 않는 것 같습니다. 같은 대학에서 같은 전공을 가진 사람들 안에서도 분명한 차별성이 있어야 합니다. 자신이 대학생활을 통해 갈고 닦은 것은 단지 사회에 나가기 위한 기본 소양이라고 생각해야 합니다. 그것으로 원하는 기업에 취업을 할 수 있다는 착각에 빠져서는 안 됩니다.

우선 가장 중요한 것은 나만의 차별성이 무엇일까에 대한 고민을 시작해야 합니다. 이때 차별성이란 자신이 미래에 갖고자 하는 직업에 관련한 차별성을 의미합니다. 미래에 갖고자 하는 직업에 대한 공부가 필요합니다. 이론적 공부뿐만 아니라 경험적 공부가 더욱 필요합니다. 지원하고자 하는 기업과 직무에 대해 공부를 시작해봅시다.

만약 C사의 인스턴트식품 마케팅 부서에 지원하고 싶다는 생각을 했다고 가정을 해봅시다. 당신은 오늘부터 C사의 제품들을 종류별로 다 먹어봐야 합니다. 그리고 그 제품의 특징에 대해 좋은 점과 아쉬운 부분에 대해 파악할 수 있어야 합니다. 더 나아가 식품 마케팅 공모전에 응시해보는 것도 좋은 경험이 될 수 있습니다. 기존의 C사 제품에 대한 분석을 토대로 자신만의 독특한 아이디어를 더한 제품을 개발하여 공모전에 내놓는다면 분명 성과가 생길 수 있습니다.

SNS를 통해 C사의 동향도 잘 살펴야 합니다. C사가 어떤 인재를 원하는지에서부터 최근 다른 경쟁업체들과 무엇이 다른지도 알아봐야 합니다. 만약 더욱 당신이 적극성 있는 사람이라면 C사에 재직하고 있는 학교 선배나 친인척이 있는지도 알아봐야 합니다. 정말 몇 다리를 걸치는 인맥이라도 찾아내어 실제 내부정보를 알아볼 필요성도 있습니다. 산업스파이를 하라는 것이 아니라 내부 직원만이 알 수 있는 정보를 통해 회사에 대해 정확히 파악하는 것도 중요하며, 스스로가 그 조직문화와 잘 맞는 사람인지에 대해 평가해보는 것도 필요합니다.

일에 대한 가치관의 차별성을 가져야 합니다. 대학을 졸업하고 직업을 갖고자 하는 주요한 이유는 바로 경제적 활동을 하기 위해서입니다. 그렇기 때문에 어떤 신입사원들은 직장 선택 기준이 연봉이며, 심지어 연봉을 조금 더 주는 회사가 있다면 당장 옮길 수 있다고 말합니다. 저는 이 생각에 완전히 반대하는 사람입니다.

지금 20대를 88만 원 세대라고 부릅니다. 최소 급여만을 받거나 아르바이트로 생계를 이어나간다는 의미입니다. 저는 50만 원 세대였습니다. 대학시절 인턴십을 하면 받은 월급이 50만 원이 채 되지 않았기 때문입니다. 하지만 저는 돈의 액수보다 50배의 가치 있는 것들을 많이 배웠습니다. 5성급 호텔에서 식음료 부서와 객실부, 마케팅 부서에서 인턴 경험을 쌓았는데 그때 배운 것이 후에 외국항공사 객실승무원이 되는 밑거름이 되어 주었습니다. 호텔 식음료 부서에서 배운 칵테일 제조법과 와인 서빙법 등은 후에 항공사에서 승객들에게 음료를 서비스할 때 많은 도움이 되었습니다. 호텔 식음료 부서에서 저의 포지션은 양식 레스토랑에서 서비스를 하는 일이었는데, 헬퍼helper로 웨딩연회장에 가서 일한 적이 있습니다. 웨딩 음식은 시간에 딱 맞게 서비스를 해야 하고, 국수 같은 한식이 곁들여지기 때문에 서비스하기가 정말 힘듭니다. 그래서 모두들 헬퍼 나가는 것을 꺼려하는데, 저는 새로운 경험이 될 수 있다고 생각해서 자원을 했습니다. 그 당시에는 너무 힘들다고 느꼈지만 후에 그런 경험이 비행기 안에서 더 힘든 상황을 유연하게 대처하게 해주는 훈련이 되었다는 것을 깨달았습니다.

항공사를 떠난 후 또다시 새로운 것을 해보고 싶다는 생각이 들었습니다. 커피 마시는 것을 매우 좋아하고, 다양한 커피에 매료되어 로스팅 전문 카페에서 일을 해보게 되었습니다. 로

스팅 전문 카페의 장점은 세계 여러 원산지의 원두를 다뤄 볼 수 있고, 커피 로스팅하는 방법과, 커피 만드는 기술을 배울 수 있다는 것입니다. 사실은 나이가 들면 카페를 해보고 싶다는 생각을 막연하게 했기 때문에 관련 경험을 쌓으려고 그 일을 했던 것입니다. 그런데 막상 그 일을 해보니 생각했던 것만큼 즐겁지 않았고, 커피 자체를 좋아하는 것 이상 육체적 노동 강도가 크다는 것을 알게 되었습니다. 특히 커피 로스팅은 체구가 큰 남자들이 해야 할 만큼 노동의 강도가 컸기 때문에 여린 체형의 여자가 오랜 시간 동안 서서 로스팅을 한다는 것이 현실적으로 불가능하다는 것도 알게 되었습니다. 결국 그 일을 떠났지만 참 다행이라고 생각하는 것은 이 경험으로 앞으로 할 수 있는 일이 무엇인지 알게 되는 계기가 되었다는 것입니다. 또 하나는 커피에 대해 더 많이 알게 되어 더 깊이 있게 커피를 즐기는 행복한 삶을 살 수 있게 되었다는 것입니다. 그 자체가 기쁩니다.

모든 과거의 경험은 지금 나를 있게 하는 밑거름이 된다고 생각합니다. 직업을 구할 때 당신이 가장 먼저 고려해야 하는 것은 '급여'가 아니라 바로 '좋아하는 일인가, 그리고 미래적 가치가 있는 것인가'입니다. '돈'에 가치를 두고 직업을 구한다면 당신은 어떤 좋은 직장에 가더라고 행복할 수 없으며, 결국은 그 회사가 원하는 직원이 될 수 없음을 느끼게 될 것입니다.

신입사원도 완전하게 준비된 스펙을 가질 수 있을지를 고민하는 친구에게 이렇게 말해주세요!

"넌 모든 사람들이 대학생활 동안 완벽하게 준비해서 사회생활의 첫 발을 내디딜 수 있다고 생각하니? 주변에 원하는 직장에 들어가거나 꿈꾸던 직업을 갖게 되는 친구들이 모두가 다 스펙이 좋아서라고 생각해? 내가 보기에는 객관적 이력보다 더 중요한 것들이 많은 것 같아. 네가 현재에 어떤 위치에 있는지가 중요한 것이 아니라 미래에 어떤 모습으로 살아가고 있을지가 더 중요하다고 생각해."

사회생활에서
왜 신뢰가 중요할까?

'우리는 서로를 신뢰한다', '나는 당신을 신뢰합니다'와 같은 말을 직장 내에서나 동료에게, 비즈니스 파트너나 친구에게 합니다.

톨스토이는 "그릇된 믿음이 모든 불행을 자초한다"라고 했습니다. 잘못된 신뢰로 인하여 인간관계가 산산이 부서질 뿐만 아니라 절망감과 고통을 안겨줄 수도 있습니다. 따라서 신뢰에 대한 정확한 이해가 필요합니다.

첫째, 왜 현대에는 사람들 간의 신뢰가 줄었다는 생각이 들까요? 사회 전반적으로 신뢰성에 대해 의구심을 제기하는 사람들이 더욱 많아지고 있습니다. 여러분이 길을 걷고 있는데 누군가가 이런 질문을 합니다. "정치인을 믿으세요?"라고 묻는다면 대부분 "아니요"라는 대답을 할 것입니다. 이것은 역사적으로 드러난 그들의 공통된 행태를 통해 우리가 얻은 답이기 때문입니다. 하지만 "과일장수 아저씨를 믿으세요?", "세탁소 주인을 믿으세요?", "초등학교 때 선생님을 믿으세요?"라고 한다면 여러분은 잠시 머뭇거리다 이렇게 반문할 수 있을 것입니다. "무엇에 대해 믿느냐는 거죠?"라고요. 지극히 합리적인 사고를 통해 나온 대답입니다. "믿을 수도 있고, 아닐 수도 있죠"라고 답을 한다면 이것 또한 상당히 이성적인 반응입니다.

우리는 실제 삶에서 신뢰를 차별화된 방법으로 판단합니다. 그 사람들이 가진 직위 등으로 판단을 한다거나, 경제적 능력 수준으로 신뢰를 하는 경우도 있습니다. 그리고 어떤 한 사람이 하는 모든 일을 신뢰하지는 않습니다. 예를 들어 초등학교 선생님이 어린아이들에게 글을 읽고 쓰는 법을 잘 가르치리라 신뢰합니다. 그렇지만 선생님이 학교 통학버스를 운전한다면 신뢰할 수 없겠죠? 선생님이 운전면허증이 없을 수도 있으니까요.

둘째, 목표는 더 많은 신뢰를 갖게 합니다. 예를 들어 10년간 직장생활을 해서 모은 돈을 불리기 위해 펀드에 투자하고 싶다는 생각을 가지게 된 뒤, 우연히 친구의 소개로 유능한 펀드매니저를 만나게 된다면 당신을 그를 당연히 신뢰하게 될 것입니다. 그가 펀딩을 잘해서 돈을 불려줄 거라는 확신에 차서 의심 없이 투자하게 될 것입니다. 돈을 불리고자 하는 목표가 마음속에 가득하기 때문입니다. 그러나 그가 그 돈을 들고 튈 수도 있고, 잘못된 펀딩으로 돈의 일부를 잃을 수도 있습니다. 중요한 것은 현명하게 신뢰하는 것입니다. 특정한 측면에 있어서 그 사람이 믿을만한 사람인지를 판단할 필요성이 있습니다.

신뢰 자체에 대해 판단할 때 기준점이 필요합니다. 내가 신뢰하려고 하는 사람은 그럴만한 능력이 있는가, 정직한가, 믿을 만한가? 이 세 가지 요건이 다 충족된다면 신뢰를 해도 무방합니다. 하지만 이런 사람을 찾는 일은 어렵습니다. 능력 있고 성실한 친구가 당신의 비밀을 다 지켜 줄 만큼 입이 무거운 사람이 아닌 것과 매한가지입니다.

신뢰성을 판단하는 눈을 가져야 합니다. 물론 회사나 공공기관에서는 시스템을 통해 직무의 책임과 의무를 판단하고 그 사람에 대한 신뢰성의 기준을 세웠습니다. 하지만 모든 인간관계에서 이 시스템을 적용시키기는 무리가 따릅니다. 그러니 목표에 눈이 멀어 신뢰성에 대한 판단이 흐려져서는 안 됩니다.

셋째, 신뢰는 쌓는 것입니다. 그런데 이것은 다른 사람들에 의한 평가이지, 여러분 스스로가 만들어낼 수 있는 것이 아닙니다. 여러분은 다른 사람들에게 당신을 믿을만한 이유를 주어야 합니다. 여러분 스스로가 믿을 만한 사람이 되어야 한다는 뜻입니다. 여러분이 믿을 만하다는 것은 상대방에 필요한 정보를 제공하거나, 도움을 준다는 것을 의미합니다.

간단한 예를 들어 보겠습니다. 옷가게에 가서 환불을 요청할 때 아무것도 묻지 않습니다. 그들은 당신이 옷을 도로 가져가면 돈을 돌려주거나 원하는 다른 색으로 바꾸어 줍니다. 당신은 그 옷가게의 고객이기 때문에 그들이 당신보다 약하다고 생각할 수 있습니다. 여기서 생각해 봐야 할 것은 다른 사람에게 취약한 부분을 보이는 것이 당신을 믿게 만드는 좋은 근거가 된다는 것입니다. 상대에게 당신의 솔직함과 진솔함을 보여 줌으로써 당신을 믿게 할 수 있습니다. 이것은 사기꾼들이 흔히 쓰는 수법이라고도 말할 수 있습니다. 자신의 모든 것을 다 보여주고, 다 줄 것처럼 행동합니다. 우리는 그런 나쁜 수법에 마음을 열고 사기꾼을 신뢰하기 시작합니다. 사기꾼은 결국 당신에게 얻을 수 있는 것을 취한 후 사라집니다. 그러나 우리의 인간관계는 다릅니다. 당신의 열린 마음은 신뢰를 쌓게 도와줍니다. 평판은 더욱 좋아집니다. '한 다리 건너면 다 알 수 있다'는 현대 사회에서 좋은 인맥 형성에 도움을 줄 수 있습니다.

"인맥관리의 핵심이 신뢰다"라는 말이 있습니다. 이것은 20대 초반 사고로 오른손을 잃고도 새로운 목표를 향해 달려온 마케팅의 대가 '조서환'이 사람들에게 동기 부여를 하기 위해서 한 말입니다. 조직에서 가장 중요한 것은 사람과의 관계인데, 그것에 대한 방법과 태도는 천편일률적입니다. 상황에 맞는 말과 행동으로 상대방의 기분을 맞추는 사람은 믿음이 갑니다. 누구나 한번쯤은 다른 사람을 의심해볼 수 있지만 상대방을 의심하는 것만큼 피곤한 일도 없습니다. 의심이 들면 감시를 해야 하고, 감시를 하면 시간과 비용이 나가니 이것으로 인한 스트레스가 어마어마합니다. 즉 상대방을 신뢰한다는 것은 그만큼 비용이 절약된다는 뜻이기도 합니다.

당신은 어떤 선택을 하시겠습니까?

당신은 신뢰를 쌓기 위해 무엇을 시작할 수 있을까요?

핵심은 바로 자기 신뢰입니다. 자신이 스스로를 믿지 못하는데 누가 당신을 믿어 주겠습니까? 흔히 '자기 자신을 사랑해야 남을 사랑할 수 있다'고 말하는 것과 같은 원리입니다.

버락 오마마 전 대통령의 애독서라고 알려진 랠프월도 에머슨Ralph Waldo Emerson의 《자기신뢰》의 내용을 살펴보면 "너를 자기 밖에서 구하지 마라"라는 말이 책 맨 첫 장에 쓰여 있습니다. 세상을 살아가다 보면 어떤 상황과 문제 앞에서 그 답을 외부에서 찾으려고 애쓰는 모습을 스스로 발견하게 될 것입니다. 인생의 어떤 문제의 답도 바로 우리 스스로의 내면에 있다는 것을 잊어서는 안 됩니다. 지금 우리는 정치적 혼란 속에 살아가고 있습니다. 지도력 부족과 부정부패 속에서 국가를 경영한 한 지도자가 탄핵에 이르렀습니다. 그 지도자는 왜 그렇게 해야만 했을까요? 바로 자기신뢰의 부재 때문입니다. 스스로 국가의 중대한 사안을 결정내리거나 이끌어갈 능력이 부족하다고 생각했기 때문이 아닐까요? 저는 진보냐 보수냐 하는 어떠한 정치적 성향도 갖고 있지 않지만 한 가지 확실한 것은 지도자가 자기신뢰 없이 한 나라를 통치하고, 국민에게 신뢰를 받으려고 눈속임을 했다는 사실에 대해서는 격분하는 사람들 중 하나입니다. 나라를 경영할 때 가장 중요한 지도자의 덕목이 무엇이냐고 묻는다면 저는 다음 세대에게 '자기신뢰'라고 말해줄 것입니다.

자기신뢰를 하는 사람들에게는 공통점이 있습니다. 바로 신뢰를 받으면서 성장했다는 것과, 마음속 자신의 생각이 진실이라고 생각한다는 것입니다. 당신이 불우한 어린 시절을 보냈거나, 온전하지 않은 가정에서 성장하여 신뢰가 밑받침되지 않았다고 해서 실망할 필요는 없습니다. 왜냐하면 성인이 된 이후에도 인간의 정신은 계속 성장하고 있기 때문입니다.

자신의 생각을 믿고 확신하는 것은 타인에게도 전파될 수 있을 정도의 강력한 힘을 가질 수 있습니다. 역사적으로 유명한 사상가와 철학자들의 대부분은 그 시대에 맞지 않는 사상을 가지고 있었습니다. 타인들의 의견과 상관없이 그들은 자신들의 철학적 관념의 정당성과 타당성을 외치며 죽어갔고, 그것은 역사 속에 남아 우리에게 전달되었습니다. 이제는 그것을 우리가 배우고, 이해하고, 사용하기까지 합니다. 시대를 뛰어넘는 가장 위대한 사상은 결국 자기 자신을 믿고 지키는 것임을 깨달을 수 있습니다.

자신을 신뢰하지 못하는 친구에게 이렇게 말해주세요!

"어떤 순간에 자기 자신을 믿지 못할 때가 있어. 왜 그럴까? 마음속의 생각이 진실 되지 못하기 때문이야. 다른 사람을 대하는 방식, 상황을 받아들이는 마음에 진실이 바탕이 되지 않고 자신의 이익만을 채우려 하기 때문이야. 너 자신에 대해 신뢰를 갖기 위해서는 마음속의 소리를 우선 잘 들어봐야만 해."

리더십이 승진하게
만들어 줄까?

지도자라는 단어를 들으면 누가 떠오르나요? 문재인 대통령, 김정은 위원장, 트럼프 대통령, 아니면 또 누가 있을까요? 지도자라는 단어의 의미는 남을 가르치고 이끄는 사람입니다. 우리는 조직에서 다수를 끌고 가는 한 사람을 지도자라고 표현할 수 있습니다.

'리더십'이라는 단어를 들으면 앞장서서 지휘하고 추종자들이 많은 영웅 같은 모습을 떠올릴 것입니다. 하지만 이것은 과거 세대의 리더 모습입니다. 현세대의 리더는 무엇인가 분명히 다를 것이라고 생각되지 않으십니까? 그래서 이것에 대해 심층적으로 생각해보고자 합니다.

21세기에서 좋은 지도자를 만드는 건 무엇일까요?

21세기는 보다 더 글로벌화되어 있고, 모든 것에 디지털 방식이 가능합니다. 투명한 정보의 흐름과 혁신이 더 빠르고 복잡한 계산을 하지 않고는 큰일을 할 수 없도록 하고 있습니다. 전통적인 개발 방식에 의존해서는 지도자로서 성장할 수 없습니다.

미국 내 4천 개의 회사들을 대상으로 자사의 리더십 개발 교육프로그램의 효과가 어떻게 나타나는지를 조사했습니다. 그 중 58%는 지도자 역할을 하는 사람들의 타고난 재능이 중요하다는 결과를 내놓았습니다. 이 말은, 기업의 다양한 교육프로그램이나 평가방식에도 불구하고 반 이상은 환경보다 타고나는 천성이 중요하다는 것을 보여주는 것입니다.

반대로 여러분은 이런 생각을 해볼 수 있습니다. 미래에 지금의 회사에서 좀 더 높은 직급에 오르게 된다면 내가 좋은 리더가 될 수 있을까라는 생각입니다.

리더십 전문가인 로즈린데 토레스Roselinde Torres는 지난 25년 동안 무엇이 위대한 지도자를 만드는가에 대해 연구 관찰했습니다. 그녀의 연구에 따르면 미국 내 유명한 회사에서 오랜 시간과 엄청난 과정을 거쳐 CEO가 된 사람들 중 단 0.02%만이 중요한 계획을 이끌어나갈 준비가 되어 있었다고 답했다고 합니다.

기업에서 리더십 개발에 대한 투자가 끊임없이 진행되고 있음에도 불구하고 왜 지도력에 차이가 생기는 것일까요? 그리고 과연 위대한 지도자들은 리더십 성장을 위해 무엇을 다르게 하고 있을까요?

이 질문의 답을 찾기 위해 토레스는 1년간 세계 곳곳을 여행하며 리더에 관한 연구를 했습니다. 남아프리카를 여행했을 때는 넬슨 만델라 대통령이 어떻게 시대를 앞서가며 정치적, 사회적 그리고 경제적 맥락을 예상하고 방향을 잡았는지 이해할 수 있게 되었습니다. 그리고 제한된 자금을 가졌음에도 불구하고 세상에 큰 영향을 미친 비영리단체의 지도자들에 대해서도 알게 되었습니다.

훌륭한 지도자들은 아래와 같은 부분이 달랐다는 것을 알게 되었습니다.

첫째는 사업 모델이나 인생에서 다음 변화를 예상하기 위해 자신의 스케줄을 철저하게 관리합니다. 그들은 누구와 시간을 보냈는지, 이동할 때 어떤 책을 읽었는지, 그리고 이런 경험을 바탕으로 변화 가능성을 이해하고 당장 무엇을 할지 결정해서 준비할 것인지를 항상 생각한다는 것입니다. 그들은 같은 시간을 다른 사람들보다 더 가치 있게 사용합니다.

둘째는 이해관계와 인맥을 얼마나 다양하게 만드는가입니다. 아시다시피 우리는 학연, 지연, 혈연 등에 연연합니다. 그것들은 여전히 사회 속에서 보이지 않게 존재하고 영향을 미칩니다. 여기서 더 중요한 것은 여러분과 전혀 다른 사람들과 인맥을 개발하는 능력입니다. 여러분과 공통된 목표를 위해 협력할 수 있는 다양한 인맥을 맺는 것이 더욱 중요합니다. 언제까지나 나와 편한 관계에 있는 사람들 하고만 지낼 수 없습니다. 뛰어난 지도자들이 더 다양한 인맥을 가지는데 이것은 사업의 발전과 미래 비전과 연관성이 있습니다. 문제의 해결책을 위해 자신보다 더 뛰어난 다른 사람에게 자문을 구할 수 있고, 그들을 통해 새롭고 더 좋은 인맥을 구축할 수도 있기 때문입니다.

셋째는 과거에 성공했던 방법을 포기할 수 있는가입니다. 누구나 익숙하고 편한 것을 계속 따르게 마련입니다. 뛰어난 지도자는 익숙한 것과 이별하는 방법을 잘 알고 있으며 위험부담을 감수하고라도 목표한 바를 향해 나아갑니다.

결론적으로 훌륭한 지도자들은 어제의 성공에 안주하지 않고 오늘의 현실과 또 알 수 없는 내일의 가능성을 위해 준비하는 사람들입니다.

당신이 승진을 하고 싶다면, 혹은 먼 미래에 임원의 자리에 오르고 싶다면 당연히 갖추어야 할 자질은 리더십입니다. 리더십에 대해서는 '조직 행동론' 분야에서 연구가 많이 되어 왔습니다. 한 조직에 속한 지도자가 어떠한 형태의 리더십을 가지느냐는 그 조직문화를 대변합니다. 하지만 시대의 흐름은 더 이상 리더 한 사람만이 강력한 리더십을 가진다고 탄탄한 조직을 영위하는 시대가 아니라고 이야기합니다. 이제는 신입사원 시기만 벗어나면 각자의 직책에서 자신의 일에 리더가 되어야 합니다. 왜냐하면 전문성을 기반으로 직무를 수행하는 것이 더 중요해졌기 때문이며, 중간 관리자들도 부하 직원에게 권리를 위임하는 조직구조가 보편화되고 있기 때문입니다.

전문성을 갖춘 사회인이 되려면 자신의 직무에서 스스로 리더가 되는 연습이 필요합니다. 상사가 하달한 일을 해나가는 것이 아니라 상사가 요청한 일의 주인이 되어 리더로서 일을 끌어나가고 마무리해 나가는 것이 중요합니다. 작은 훈련이 쌓이면 후에 진짜 리더의 자리에 앉아 있는 자신의 모습을 발견하게 될 것입니다.

리더십을 발전시키는 훈련은 마음속에 있는 성장욕구에서부터 시작됩니다. 당신 앞에 주어진 일은 정말 하기 싫고, 왜 해야 하는지에 대한 이유조차 찾기 힘듭니다. 하지만 하기 싫은 일을 잘 처리하면 상사나 동료로부터 인정과 칭찬을 받을 수 있다는 것을 잘 압니다. 더 나아가 어려움을 극복하려는 노력은 스스로를 성장시킬 수 있음을 더 잘 압니다. 그래도 망설이시겠습니까?

아이들은 3살에서 4살이 되기만을 기다립니다. 성장하는 것에 대한 어떤 두려움도 걱정도 없습니다. 오히려 그날을 손꼽아 기다립니다. 당신도 3살에서 4살이 되기만을 기다리는 아이처럼 두려워할 필요도 미리 걱정할 필요도 없이 성장해 나가는 모습을 지켜보며 마음속으로 응원만 하면 됩니다.

(TED Roselinde Torres: What it takes to be a great leader?의 내용을 각색함)

 리더십이 승진시켜 준다고 믿는 친구에게 이렇게 말해주세요!

"사회생활에서 승진하거나 더 높은 직책으로 올라가게 되면 리더십이 저절로 생길 거라고 믿잖아. 그건 아주 잘못된 생각이야. 사람들이 따르고, 사람을 이끌 수 있는 리더가 되기 위해서는 스스로의 노력이 필요하다는 것을 깨달아야 해. 승진이 되어 더 높은 연봉을 받고 더 넓은 사무실을 갖게 되는 것은 사실 큰 의미가 없어."

일과 노동의
차이는 무엇일까?

　대부분의 사람들이 직장에서 어떻게 일하는지 그 모습을 떠올려 봅시다.

　가장 쉽게 떠올릴 수 있는 모습은 미치 쳇비퀴 속에 갇혀 있는 쥐가 바퀴를 계속 굴리는 모습입니다. 대부분의 사람들은 일할 때 다음 달 받게 될 급여에 대해 생각하고, 돈이 쥐어지는 순간을 위해 다시 일을 하기 시작합니다.

　등산 좋아하시나요? 아니면 산책은요? 여러분이 높은 산을 등반하는 중이라고 상상을 해봅시다. 산을 오를수록 발걸음이 점점 무거워지겠죠? 날씨와 상관없이 흐르는 땀은 개의치 않고 계속 정상을 향해 올라갈 것입니다. 정상에 도착한 순간 이렇게 말할지도 모릅니다.

　"이것은 정말 미친 짓이야. 다시는 산에 오르지 않을 거야!"

"누가 나를 해변가의 선베드로 데려가 줘. 맥주 한잔하면서 누워있게 말이야!"

그리고는 잠시 쉬면서 목을 축이고, 간식이나 간단한 도시락을 먹은 후 내려갑니다. 한 주가 흐른 후 주말이 되면 당신은 어김없이 또 산을 오를 것입니다. 왜 그러는 것일까요? 등산은 우리가 정상에 오르고, 자연에 도전하도록 하는 동기를 부여합니다. 즉 명확한 목표가 주어짐과 동시에 스스로가 원하는 것을 따라가게 하는 행동으로 이끌어줍니다.

행동경제학자인 댄 애리얼리Dan Ariely는 한 학생과의 만남에서 했던 이야기를 들려주었습니다.

몇 년 전 한 학생이 연구실에 찾아와서 이런 이야기를 했습니다. 그 학생은 큰 은행에서 일을 하고 있으며 중요한 PT를 위해 2주 이상 파워포인트 프레젠테이션을 준비하고 있다고 했습니다. 회사의 인수합병에 관한 준비였는데 그는 열심히 이 일에 매진하느라 매일 밤늦게까지 야근을 해야 하지만 괜찮다고 했습니다. 그러다가 PT를 하기 하루 전날 상사에게 이런 말을 들었다고 합니다.

"파워포인트로 작성한 문서는 아주 좋아. 근데 말이지……, 인수합병 건은 취소되었어"라고 말입니다. 한동안 그는 정말 우울했다고 합니다. 그 자신의 노력에 대한 결과물을 아무도 보지 못하게 된다는 사실이 그를 우울하게 만들었던 것입니다. 애리얼리는 이 학생과의 대화를 통해 '노동의 결실'에 관한 실험을 착안하게 됩니다.

그는 레고를 가지고 다양한 실험을 해야겠다고 생각했습니다. 형형색색의 작은 조각들을 맞추는 것을 싫어하는 사람은 거의 없기 때문입니다.

첫 번째 실험은 사람들에게 레고를 주면서 조립해 달라고 하고 이렇게 얘기했습니다.

"이 레고 조립을 다하면 10달러 줄게요. 해보시겠어요?"

그리고 그것을 다 조립하면 또 다시 10달러를 주면서 레고를 조립해 달라고 합니다. 사람들은 알았다며 레고를 다시 조립했습니다. 그들은 조립을 끝내면 그것을 테이블 밑에 내려놓았습니다. 여기서 실험자는 조립이 끝날 때마다 지불하는 금액을 조금씩 낮추기 시작했습니다. 그러자 평균적으로 5~6번 정도 조립을 끝마친 후 그들 중 일부분은 레고 조립을 그만하겠다고 했습니다. 금액이 낮다고 느껴지기 시작한 지점까지만 레고 조립을 계속한 것입니다.

두 번째 실험에서는 조건을 달리하여 레고를 조립하게 하였습니다. 우선 레고를 조립하는데 10달러를 주겠다고 하고 바로 다음번에 금액을 낮춰 8달러를 주겠다고 했습니다. 그리고 나서 그들의 눈앞에서 조립된 레고를 분해했습니다. 그러자 그들은 레고를 조립하고 받게 되는 돈의 액수와 상관없이 금세 조립을 그만두고 싶다고 했습니다. 눈앞에서 노력물을 분해해 버리면 의욕이 저절로 상실되기 때문에 더 빨리 포기하게 되었다는 것을 쉽게 눈치 챘을 것입니다.

'이케아'를 아시나요? 우리나라에도 이케아의 대형매장이 몇 군데 오픈하였습니다. 한 번쯤은 구경을 가보셨을 것이라고 생각됩니다. 이케아에 가면 예쁜 가구들이 전시되어 있지만 어느 것도 완제품은 없습니다. 모든 가구가 조립을 해야만 사용가능하도록 만들어져 있습니다. 여기서 가구를 구입해서 조립해 본 경험이 있을 겁니다. 어땠나요?

가구 조립을 할 때마다 시간이 오래 걸리고, 노력도 엄청 들고, 무지하게 헷갈리기까지 합니다. 하지만 다 만들고 나면 왠지 조립한 이케아 가구들이 다른 가구들보다 더 마음에 듭니다. 사실입니다.

이케아 효과에 대해서 생각해보죠. 사람들은 열심히 일할수록 자신들이 한 일을 더욱 좋아하게 된다는 것입니다. 실제로 저의 남편은 이케아의 가구를 조립하는 것뿐만 아니라 대형마트에서 사온 어린이 주방 놀이기구를 6시간에 걸쳐 조립한 적도 있습니다. 남편은 6시간에 걸쳐 조립을 끝낸 후 바로 쌍둥이 딸에게 "아빠가 만든 거야. 정말 예쁘지? 재밌게 놀았으면 좋겠다"라고 환한 웃음을 지으며 말했습니다. 그때 쌍둥이 딸의 나이가 3세였기 때문에 사실 그 상황을 정확히 이해했는지는 잘 모르겠습니다. 그로부터 불과 1주일 뒤 남편은 집에 조립되어 있는 어린이 주방용품을 또 하나를 더 사왔습니다. 처음에는 이해할 수 없었습니다. 아무리 쌍둥이지만 부피가 큰 장난감이 두 개씩이나 있을 필요는 없다고 생각했기 때문입니다. 남편은 다행히도 두 번째 조립에서는 3시간에 걸쳐 완성하였습니다. 그리고 그 주방놀이를 쌍둥이 딸이 다니는 어린이집에 기증하였습니다. 아이들을 향한 지나친 사랑이라기보다는 얼마나 저 조립이 재미있었으면 저렇게까지 했을까 하는 생각이 솔직히 들었습니다.

보통 일에 대한 동기부여와 받게 될 임금이 상관관계가 있다고 알고 있습니다. 실제로는 그것 말고도 여러 다른 요소가 더 추가될 수 있습니다. 일 자체의 의미, 도전 여부, 주인의식, 정체성, 자부심 등등입니다. 그것을 어떻게 일할 때 적용시키느냐가 노동이 되느냐 일이 되느냐를 판가름하게 해줄 것입니다.

(TED Dan Ariely:
What makes ue feel good about our work의 내용을 재구성함)

그렇다면 노동이 아닌 일을 하기 위해, 더 나아가 즐겁게 일하기 위해 어떻게 해야 할까요?

편경영의 대표적 사례이자 단골메뉴로 등장하는 기업은 '사우스웨스트 항공'입니다. 이 경영의 사례를 예로 들어서 즐겁게 일하는 직원들에 대한 이야기를 한다면 정말 재미가 없을 것입니다. 그래서 이 시대를 대표하는 기업 '구글'에 대해 이야기를 해보고 싶습니다.

　구글은 21세기의 성공한 IT기업이 분명합니다. 어떻게 해서 구글은 이 시대를 대표하는 기업이 될 수 있었을까요? 분명 남다른 경영방식이 있었을 것이라고 추측해볼 수 있습니다. 구글의 창립자 에릭 슈미츠가 집필한 《구글은 어떻게 일하는가?》라는 책을 읽는 순간 그 비밀의 해답을 쉽게 찾을 수 있었습니다.

　구글은 경영방식의 차별화와 다양한 인재 채용의 노하우를 가지고 있습니다. 그중에서 특히 눈여겨볼 부분은 바로 조직문화입니다. 기업들은 조직문화를 회사가 성공하고 난 후 만들게 되는 하나의 결정처럼 소소하게 취급한다고 합니다. 그런데 에릭 슈미츠는 성공한 기업과 그렇지 못한 기업의 분명한 차이는 바로 직원들이 그 조직에 대해 가지는 신뢰의 유무에서 비롯된다고 말합니다. 구글은 창의적이고 자발적이고, 즐거운 업무를 수행하도록 하는 조직문화를 가지고 있다고 합니다. 이런 문화는 기업이 시작될 때부터 있었다고 합니다. 조직문화에서의 성공이 바로 구글이 성공하는 기업이 된 열쇠이기도 합니다.

　구글의 조직문화는 칸막이에서 찾아볼 수 있습니다. 여러분이 지금 사무실 안에 있다고 가정을 해봅시다. 칸막이가 되어 있는 사무실에 앉아 있습니다. 여러분 자리에서 전화로 조용히 사적인 대화를 할 때 칸막이 너머로 동료들이 여러분의 대화 내용을 들을 수 있습니까? 아예 회의실이나 비상계단 같은 장소로 옮겨 대화를 해야만 합니다. 이것은 당신의 직위를 표현하는 것일 수도 있고, 조직문화를 표현하는 것일 수도 있습니다. 일반적으로 신입직원은 칸막이가 되어 있는 좁은 공간에서 숨죽이며 컴퓨터를 바라보며 일하고, 임원급의 직원은 개별공간의 사무실을 사용한다는 것이 우리가 알고 있는 통념입니다. 하지만 구글은 다릅니다. 직원 간의 상호작용과 창의성 표출을 위해 칸막이가 아닌 오픈된 공간을 일하는 곳으로 이용합니다. 심지어는 카페, 테라스, 냅팟nap pods(낮잠을 잘 수 있는 휴식용 의자) 등을 통해 회사 내에서도 언제나 에너지를 충전할 곳을 찾을 수 있습니다. 에너지의 충전은 곧 창의성과 업무의 효율성으로 나타납니다. 이것은 좀 더 나은 조직문화와 업무환경을 만들어줍니다. 그러나 이러한 것들이 우리가 즐겁게 일할 수 있는 해결책을 전부 다 제시해 준다고 생각하지는 않습니다. 한 가지 확실한 것은 즐겁게 일하기 위해서는 즐거운 곳에 서있어야 된다는 것입니다.

당신에게 주어진 환경이, 당신이 속한 조직이 즐거운 문화를 가지지 않았다면 당신부터 즐거워지면 됩니다. 우리는 노동이 아니라 일을 하기 위해 그곳에 서있는 것입니다. 당신의 육체가 머물러 있는 곳에 당신의 정신을 머물게 해야 합니다. 그리고 그 정신을 즐겁게 하기 위한 노력을 게을리 하지 말아야 합니다. 즐거운 일터는 당신이 만들어 가는 것입니다. 당신이 구글에서 일한다고 해도, 당신이 즐거운 사람이 아니라면 그 환경도 결국 무용지물인 것입니다. 구글 같은 조직 문화 속에서 일하고 싶은 당신이라면 긍정적 조직문화에 일조하는 일인으로 다시 태어나시길 당부드립니다.

★ 일과 노동의 차이를 인식하지 못하는 친구에게 이렇게 말해주세요!

"땅을 파거나, 같은 나사를 조이는 일은 노동이라고밖에 말할 수 없어. 왜냐하면 그것에는 일을 다 마치고 난 후의 성취감도, 일을 해나가는 과정에서 얻는 목표의식도 없기 때문이야. 결국 우리가 회사에서 하는 모든 일에 즐거움을 찾고 동기부여를 하려면 일 자체에 대한 진정한 의미를 찾는 것이 중요해."

업무 중 수많은 선택의 기로에서
어떻게 해야 하나?

여러분은 보통 하루에 얼마나 많은 선택을 하시는지 아십니까? 하루에 몇 가지를 선택하고 결정하게 되나요? 저의 하루 일과로 이 질문에 대한 답을 찾아보려고 합니다.

우선 7시 30분이면 알람이 울립니다. 알람을 끄고 5분 만더 잘까 아님 알람이 그대로 울리도록 내버려 둘까라는 오늘 하루 첫 번째 선택의 기로에 섭니다. 알람이 울리도록 내버려 두지만 결국 그 소리에 뇌파가 자극되어 잠에서 깨고 맙니다. 일어나자마자 화장실에 소변을 보러가는 것은 선택할 필요 없는 생리현상이라 다행입니다. 화장실을 다녀 온 후 아침식사 준비를 합니다. 간단하게 주먹밥에 된장국을 끓일까, 모닝롤빵에 딸기잼을 바른 후 과일 몇 조각과 커피를 마실까를 고민하게 됩니다. 또 선택의 기로에 선 것입니다. 날씨가 쌀쌀해져서인지 빵과 과일보다는 따뜻한 밥과 국이 낫다는 생각이 들어 손을 재빠르게 움직입니다. 아침식사가 끝난 후 회사에 출근하기 위해 또는 누군가를 만나기 위해 외출을 하게 된다면 어떤 옷을 입을지 옷장을 열고 고민을 시작하게 됩니다. 또 다시 선택의 기로에 서게 됩니다. 순간순간의 별것 아닌 것에 대해 결국 인간은 끊임없이 선택해야 한다는 결론에 이릅니다. 그러니 업무 중에 놓이게 되는 수많은 선택은 좀 더 고차원적이고 복잡할 수밖에 없습니다.

현대를 사는 우리는 너무나 많은 선택을 해야 합니다. 많은 선택들을 해야만 하는 환경에 놓여 있다는 것 자체가 선택을 어렵게 만드는 요인이라는 것을 우선적으로 깨달아야 합니다.

경제심리학자인 쉬나 아이옌거Sheena Lyengar는 자신의 대학시절의 선택에 관련한 에피소드를 들려주려 합니다.

그녀가 스탠포드 대학원생이었을 때, 매주 간단한 먹을거리를 사러 작은 식료품 가게에 들르곤 했습니다. 그곳을 자주 이용했던 이유는 물건의 가격은 비싼 편이지만 주로 품질 좋고 맛있는 식료품 재료들이었고, 집에서 가까운 거리에 위치해 있었기 때문이라고 합니다. 그곳에 갈 때는 항상 기분이 좋았는데 가장 큰 이유는 그곳에 250가지 다른 종류의 소스들이 있었기 때문입니다. 또한 다양한 종류의 과일과 야채를 보면 마치 놀이동산에 있는 기분이 들 정도였다고 합니다. 약 70개가 넘는 다양한 종류의 올리브유도 판매하고 있었는데, 매번 올리브유를 선택할 때 고민이 되었습니다. 갑자기 그녀는 선택과 관련한 궁금증이 생겨 그 식료품점 주인에게 이렇게 질문을 했습니다. "사람들에게 이렇게 많은 선택권을 주면 좋아하나요? 이 가게는 잘되나요?"라고요. 상점의 주인은 "그런 편이에요"라고 대답을 했으나 뭔가 확신에 차 보이지 않았다고 합니다. 그래서 그녀는 선택과 관련한 실험을 식료품점에서 해보기로 결심합니다.

두 개의 규모가 비슷한 식료품점을 선택하여 한 곳에는 잼 코너에 6개의 다른 종류의 잼을 진열하고 다른 식료품점에는 20개가 넘는 다양한 종류의 잼을 진열시켰습니다. 이 실험의 결과는 어떻게 되었을까요? 여러분이 예상했듯이 잼의 종류가 6개인 식료품점에 더 많은 사람들이 가서 선택을 하였습니다. 사람들에게 더 많은 선택권을 주었을 때 고르는 것 자체가 피곤한 일이 되어 부정적인 느낌을 준다는 것을 이 실험을 통해 쉽게 알 수 있습니다. 그렇기 때문에 잼이 6개만 진열된 식료품 가게에 가게 되는 것처럼 선택의 기로에 서게 될 때는 쉬운 선택을 할 수 있는 상황이 주어지는 것이 최선입니다.

그래서 사람들이 좀 더 쉬운 선택을 할 수 있는 방법들을 제시해 보겠습니다.

첫 번째, 줄이는 것입니다. 일반적으로 이 말은 기분 나쁘게 들릴 수 있습니다. 선택의 폭을 줄인다면 불필요한 선택을 피할 수 있는 가장 쉬운 방법입니다. 식료품 가게를 예로 들면 불

필요한 것을 줄이면 더 많은 진열 공간이 생길뿐만 아니라 판매도 증가하게 되며, 가격도 낮아질 수 있습니다. 미국 내 Golden Cat이라는 고양이 관련 용품 제조회사가 잘 팔리지 않은 10가지 고양이 관련 용품을 아예 없애 버리자 전체 수익이 87%나 올랐다는 구체적인 사례도 있습니다.

두 번째는 구체화입니다. 사람들이 선택들 사이의 차이점을 이해하기 위해서는 각 선택에 이어지는 결과를 이해할 수 있어야 합니다. 아주 쉬운 예로 현금을 사용할 때보다 체크카드나 신용카드를 사용할 때 평균 15~30%나 더 지출합니다. 왜냐하면 사람들은 카드를 사용할 때 진짜 돈을 쓰는 것처럼 느끼지 못하기 때문입니다. 즉 좀 더 구체적으로 선택의 폭을 만들어가는 것이 중요합니다. 각 선택에 따라 나타날 수 있는, 눈에 보이는 결과물에 집중할 수 있도록 만들어야 합니다.

세 번째는 범주화입니다. 많은 선택들을 다루는 것보다 많은 범주로 만드는 것이 더 쉽게 선택하게 만들어 줍니다. 예를 들어 우리가 서점의 잡지 코너에 서있습니다. 이곳에 300가지가 넘는 종류의 잡지가 있는데, 이것이 종류별로 나누어져 있지 않고 그대로 꽂혀 있다고 생각해 봅시다. 반대로 300개의 잡지가 10가지 다른 범주로 분류되어 꽂혀 있다고 생각해 봅시다. 어떤 것이 더 잡지를 고르기 쉽게 만들어줄까요? 당연히 후자입니다.

네 번째는 복잡한 선택에는 전제조건이 있어야 한다는 것입니다. 사실 우리는 생각하는 것보다 훨씬 많은 정보를 소화해낼 수 있습니다. 이때 그 정보의 복잡성이 서서히 늘어나야 한다는 전제조건이 따릅니다. 만약 당신이 새 차를 구입한다고 가정을 해봅시다. 처음에는 차 색깔을 고르기 위한 고민에서 시작해서 내부 시트 색깔, 배기량, 기어방식 등 선택해야 될 것들을 순차적으로 생각해나갈 것입니다. 차를 고르기 위해서 아주 단순한 정보로부터 좀 더 복잡한 정보에 이르기까지 차근차근 하나씩 생각해 나갑니다. 그 정보가 하나씩 순차적으로 머릿속에서 처리된다면 선택은 더 쉬워질 것입니다.

(TED Shwwna Lyengar: How to make choosing easier의 내용을 재구성함)

누구나 자기 스스로에게 이런 질문을 헤볼 수 있습니다.

"나는 정상적인 사람인가?"

이 질문에 대한 답을 미국의 행동경제학자인 크리스토퍼 시 Christopher Hee, K.의 《결정적 순간에 써먹는 선택의 기술》이라는 책에서 찾을 수 있습니다. 2가지의 상황을 가정해 봅시다.

상황1 당신이 병에 걸렸습니다. 이 병에 걸리면 확률은 아주 낮지만 갑자기 죽을 수도 있습니다. 사망률을 0%로 만들 수 있다면 이것을 얼마에 사겠습니까? 당신이 지불할 수 있는 최고의 가격을 제시해 보십시오.

상황2 당신은 아주 건강합니다. 어느 날 한 제약회사에서 신약 테스트 참가자를 모집합니다. 이 약을 먹으면 확률은 아주 낮지만 운이 나쁘면 돌연사할 수 있습니다. 당신은 얼마를 받으면 이 신약 테스트에 참가하시겠습니까? 당신이 원하는 최소 가격을 제시해 보십시오.

사람들에게 이 두 가지를 질문했을 때 대부분 두 번째 요구한 금액이 훨씬 높았습니다. 하지만 이 결과는 매우 모순적입니다.

첫 번째 질문은 만에 하나 있을지 모를 죽을 가능성을 없애고 건강을 되찾는데 얼마를 지불할 것인가를 묻고 있습니다. 반면 두 번째 질문은 얼마를 보상받아야 건강을 포기하고 만에 하나 있을지 모르는 죽음을 받아들이겠느냐고 묻고 있는 것입니다. 이처럼 사람들은 스스로 어떤 상황에 대해 정상적으로 판단했다고 믿으면서 살아갑니다. 《결정적 순간에 써먹는 선택의 기술 (크리스토퍼 시, 이상건)》 내용 중에서

인생의 수많은 선택의 문제 앞에서 정상적이면서 합리적인 판단을 하는 것이 더 중요하다는 것을 깨달아야만 합니다. 정상적인 판단의 시야를 막고 있는 편견이나 편협한 생각을 뛰어넘는 통찰력이 우리에게는 필요합니다. 올바르고 정상적인 결정을 위해 현실을 직면하고, 합리적인 생각에 우리의 정신을 뿌리박아야 합니다. 또한 합리적 선택을 위해 처해진 상황에 맞는 답

을 지속적으로 유지하는 것과, 어떤 외부적 요인에도 흔들리지 않는 자세도 중요합니다. 지금 식탁 의자 하나가 부러져 새로운 식탁 의자를 사러 갔다면 당신은 단 하나의 식탁 의자를 사가지고 오면 되는 것입니다. 세일하는 식탁 세트를 기웃거리거나 식탁 의자 전체를 바꾸는 것은 합리적 판단이 아니라는 것을 명심해야 합니다.

업무를 수행하면서 마주하게 되는 여러 가지 복잡한 선택의 기로에서 합리성과 객관성을 기반으로 한다면 어떤 선택도 어렵지 않게 느껴질 것입니다.

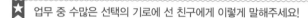

★ 업무 중 수많은 선택의 기로에 선 친구에게 이렇게 말해주세요!

"사람들은 하루에도 몇십 번 몇백 번씩 선택의 기로에 서게 돼. 하지만 중요한 것은 최선의 선택을 하기 위해 합리적인 판단을 할 수 있느냐 아니냐인 것 같아. 네가 회사생활에서 어떠한 선택의 기로에서도 흔들림 없이 헤쳐 나갈 수 있다고 스스로를 믿어봐."

PART 2

공감에 우는 여자,
이해에 웃는 남자

행복한 결혼생활의
비밀은 무엇일까?

2015년 한 해 동안 결혼한 사람의 숫자가 대략 얼마 정도일까요? 약 5천 명? 1만 명? 통계청의 자료에 따르면 전국에서 2015년 한 해 동안 결혼한 사람은 30만 2천 8백 2십 8명으로 많은 커플들이 삶을 같이 하기로 중대한 결심을 했다는 것을 쉽게 찾아볼 수 있습니다. 이 결정의 근원에는 마음속으로 절대로, 절대로, 자신의 배우자 이외에는 섹스를 하지 않겠다는 강한 의지와 결심이 숨어 있습니다.

결혼을 결심한 수많은 커플들이 결혼반지와 웨딩드레스, 가구, 전자제품 등을 같이 고르러 다닙니다. 온갖 다양한 물건들을 사기 위해 쇼핑하러 같이 다니겠죠? 여기서 작은 의견 차이나 논쟁이 오갈 수 있으나 아주 심각한 정도는 아닙니다. 그러다 시간이 흘러 일생일대의 중요한 결혼식 날이 됩니다. 그들은 가족, 친지, 친구들 앞에서 가난도, 생명을 위협하는 질병도, 어떤 역경과 시련 앞에서도 영원히 함께하리라 맹세합니다. 정말 아름다운 광경이죠? 하루하루가 꿈만 같았던 허니문에서 돌아온 그들은 어떤 모습으로 살아갈까요?

긍정적으로 상대방을 보려던 노력도 하나둘씩 깨져 가고, 자녀가 태어난 후 연결 고리가 생긴듯하나 서로의 의무감만이 더욱 강조됩니다. 중년 이혼의 위기를 거치고, 체중이 늘어가는 것을 바라보며 둘 중 하나가 눈을 감는 그날까지도 아끼고 존중하리라 약속합니다. 예상하다시피 그들은 서로의 코고는 소리를 더 이상 듣지 못할 뿐만 아니라 그 소리가 없으면 잠이 안 올 정도가 됩니다. 그만큼 서로에게 익숙해진 것입니다.

하지만 이미 알고 있다시피 한국사회에서 현재 약 40% 이상이 10년 내에 이혼을 합니다. 실제적으로 저의 가까운 지인들 5명 중 2명은 이혼했다는 것을 쉽게 알 수 있습니다. 그렇지 않은 부부들은 결혼기념일이나 배우자의 생일을 깜빡하기도 하고, 휴가 때 어디를 갈지 의논하다가 싸우기도 하면서 삶을 같이 영위해 나갑니다. 어떤 때에는 화장실의 휴지 거는 방향이나 치약을 끝에서부터 짜지 않는 것에 대해서 토론을 벌일 때도 있지만 아직도 그들은 서로를 사랑한다고 믿고 있습니다.

그렇다면 결혼생활이 잘 유지되는 부부와 그렇지 않은 부부의 차이는 무엇일까, 그리고 행복한 결혼생활을 유지하는 사람들에게서 무엇을 배울 수 있을까 하는 궁금증이 당연히 생기게 될 것입니다. 전문가들은 이것에 대해 연구하기 위해 많은 시간과 돈을 투자했습니다. 사회연구학자들은 행복한 부부들을 근접 관찰하고 그들의 행동 하나하나와 버릇들까지도 면밀히 탐구하였습니다. 그래서 불행한 결혼생활을 하는 다른 이웃이나 이혼한 친구들과 다른 점이 무엇인지 밝혀냅니다.

행복한 결혼생활을 하는 부부에게는 몇 가지의 비밀이 분명히 있습니다.

첫째, 대체적으로 부인이 남편보다 더 날씬하고 아름답습니다. 여자가 현재 몇 킬로그램의 몸무게가 나가느냐는 중요하지 않습니다. 중요한 것은 자신의 남편보다 날씬하면 된다는 것입니다. 남자들은 대부분 섹스에 대한 관심이 높습니다. 섹스를 떠올리면 자신의 몸보다 작고 날씬한 여성과 함께하는 것이 즐거운 것은 당연합니다. 그렇기 때문에 자신보다 체구가 큰 여성에게는 성적매력을 느끼지 못한다고 합니다. 여성들은 앞으로 저녁식사 시간에 남편에게 삼겹살을 구워주고, 야식으로 라면을 끓여 바치기만 하면 될지도 모릅니다. 몇 킬로그램의 몸무게를 빼기 위한 다이어트에 집중하기보다는 단지 당신의 남편보다 체구가 작게 보이는 것, 또는 남편의 체구가 커지게 만드는 것에만 관심을 기울이기만 하면 된다는 뜻입니다.

둘째, 남편들의 가사참여도가 높습니다.

한국의 워킹맘 김 모 씨(38)는 매일 아침 6시에 기상을 해서 아침식사를 준비하고 출근 준비를 합니다. 남편은 8시쯤 기상을 해 차려놓은 아침식사를 먹고, 설거지 따위는 생각하지 않고 바로 출근준비를 해서 집에서 10분 거리인 회사로 출근을 합니다. 김 모 씨는 7시 30분에 아들 둘을 깨워 씻기고, 옷을 입혀 아침밥을 먹이고, 8시 15분쯤 어린이집에 차로 등원시켜준 후 집에서 30분 거리에 있는 회사로 향합니다.

또 다른 부부가 있습니다. 여기는 스웨덴 비스뷔에라는 지역입니다. 세실리아도 워킹맘입니다. 그녀는 7시에 기상을 해 유치원에 다니는 두 딸을 깨우고 바로 남편을 깨웁니다. 그 후 남편과 같이 아침식사를 같이 준비합니다. 남편이 토스트를 구우면 그녀는 씨리얼과 우유를 준비하고 아이들을 식탁에 앉힙니다. 출근시간이 이른 세실리아가 먼저 출근을 하면 남편은 아이들을 씻기고 옷을 입힌 후 유치원에 데려다 줍니다. 또한 퇴근 후에도 그녀가 저녁을 차리면 남편은 아이들 저녁을 먹이고 저녁식사 후 설거지를 합니다. 그녀는 아이들의 가방을 챙기고 집안 정리를 끝내면 남편이 아이들을 재우러 방으로 들어갑니다.

여성가족부와 통계청이 발표한 '2015년 일·가정 양립 지표'에 따르면 한국 남성이 하루 평균 가사노동에 쓰는 시간은 45분으로 조사대상 29개국 가운데 가장 적었습니다. OECD 회원국 평균은 139분이며, 덴마크는 186분, 미국은 161분, 스웨덴은 154분 등입니다. 심지어 남녀평등 지수가 낮은 인도는 52분, 중국은 91분으로 한국 남성들보다 집안일 참여시간이 높다고 합니다.

현실적으로 여성의 사회참여율이 높고, 맞벌이 비율이 2015년 기준 43.9%로 여성의 반수 이상이 워킹맘인 한국 사회에서 남성의 가사노동 시간이 하루 45분밖에 되지 않는다는 것은 행복하지 않는 부부관계로 갈 수밖에는 없는 단적인 예가 됩니다.

남편들이 집안일을 더 자발적으로 참여할 때 당연히 부인은 남편을 더 매력적으로 느낄 것입니다. 더 매력적으로 느낀다는 것은 육체적 사랑, 즉 섹스에도 충분히 영향을 미칩니다. 여자들은 안정적인 관계에서 더 많은 섹스를 하길 원하기 때문입니다. 원만한 섹스를 한다는 것은 더 많은 교감과 정신적 안정을 가져다준다는 것을 의미할 뿐만 아니라 남성에게는 동물적 욕구를 충족시키는 것을 의미합니다. 더 나아가 여성이 원만한 부부관계를 통해 안정적 느낌을 받게 된다면 현실적으로 남편에게 좀 덜 잔소리를 하는 결과를 낳을 것으로 예상됩니다. 결국, 이런 것들이 충족되어야만 행복한 결혼생활을 영위할 수 있는 것입니다.

셋째는 주변에 이혼한 사람이 적다는 것입니다.

이혼에도 전염성이 있다고 봅니다. 20대의 대학시절을 떠올려 봅시다. 당신과 당신의 남자친구 그리고 당신의 친구와 남자친구의 친구가 커플이 되어 같이 많은 시간을 보내게 되었습니다. 그러던 어느 날 당신의 친구가 남자친구와 헤어지게 됩니다. 그때 당신은 친구로부터 헤어진 남자친구의 안 좋은 면들에 대해 듣게 됩니다. 또한 헤어진 남자친구의 친구(당신의 현재 남자친구)에 대한 확인되지 않은 루머나 안 좋은 면에 대한 이야기를 들을 수도 있습니다. 그것은 자신만 혼자가 된 친구의 질투로부터 나오는 것일 수도 있고, 사실일 수도 있습니다. 중요한 것은 그 이유와 상관없이 당신 스스로가 남자친구에 대한 믿음이 흔들리기 시작할 수 있다는 것입니다. 이러한 사실은 만약 여러분과 가깝게 지내던 커플이 이혼을 하게 된다면 여러분이 이혼할 확률이 좀 더 높아질 수 있다는 것을 의미합니다. 이혼한 친구는, 특히 가까이 지냈던 사람인 경우는 당신에게 이혼을 하게 된 과정을 설명하다가 결국 이혼을 하는 게 낫다는 결론을 제시할 수도 있습니다. 따라서 주변에 이혼한 사람들을 경계힐 필요가 있으며, 그들을 객관적인 시각에서 판단할 수 있는 분별력을 가져야 합니다.

여기서 우리는 좀 더 근원적인 문제를 생각해 볼 필요성이 있습니다.

'왜 사람들은 결혼을 했을까?'입니다.

결혼을 하면 여러 가지 혜택이 있습니다.

- 정신병원이나 교도소에 배우자가 수감되면 면회를 1순위로 할 수 있습니다.

- 돈을 더 많이 법니다.
- 더 오래 삽니다.
- 자유로운 싱글보다 더 많이 섹스를 합니다.
- 정신적으로 더 건강합니다.
- 아플 때 도와줄 사람이 바로 옆에 있습니다.
- 세금을 더 적게 냅니다.

결혼에는 수많은 좋은 점이 있습니다. 그것들을 찾는 것은 당신의 몫입니다.

(TED Jenna McCarthy: What you don't know about marriage 내용을 각색함)

이렇게나 많은 현실적인 이유로 우리는 결혼을 선택했습니다. 선택한 것에 대해서는 스스로가 책임을 져야 하며, 행복한 결혼생활이 되기 위한 노력이 수반되어야 합니다. 만약 당신이 행복한 결혼생활을 위한 노력 방법을 모르겠다면 앞서 언급된 내용을 다시 한 번 마음속에 떠올려 볼 필요성이 있습니다. 또한 현재 당신의 결혼생활이 행복하지 못하다고 느낀다거나 이혼을 생각한다면 인생을 한번 돌아볼 필요가 있습니다.

결혼생활에 충실하려고 노력했지만 왜 부부사이가 좋지 못할까요? 관계 회복을 위해 별 다른 노력을 하지 않았던 것은 아닌가요? 이혼의 위기에서 다시 한 번 잘해 보자고 다짐하고 모든 희망을 걸었지만 배우자가 응해주지 않아 속상한 적은 없었나요?

　이런 결혼생활과 관련한 모든 고민은 우리가 행복한 결혼생활을 유지하기 위한 구체적 방법을 몰랐기 때문에 생겨난 것입니다. 이제 우리는 행복한 결혼생활을 하는 사람들과 그렇지 못한 사람들의 차이점을 알게 되었습니다. 그렇다면 어떻게 생활 속에서 실천해 나갈지를 생각해 봐야합니다.

　우선 남자와 여자의 차이를 이해하는 것에서부터 시작합니다. 남녀 간의 차이를 직장생활과 연관하여 살펴볼까요?

　직장 내에서 가장 큰 스트레스는 '사람 간의 관계'에서 온다고 남녀 구분 없이 모두 같은 대답을 합니다. 이처럼 조직 내에서 다른 개성과 성향을 가진 사람들이 모여 공통의 목표 달성을 위해 살아간다는 것은 쉬운 일이 아닙니다. 같은 일을 처리하는 방식, 의견을 나누는 방식, 생각을 표현하는 방식이 모두 다르기 때문입니다. 직장 내에서의 생활을 살펴보면 여자는 동료 또는 선배에게 공감할 때 웁니다. 워킹맘의 고군분투를 헤아려 주는 선배 워킹맘의 말 한마디에 고마워서 서러움의 눈물을 흘립니다. 반대로 남자는 선배, 동료의 이해에 웃습니다. 동료가 직장 내에서 힘든 일을 대신해 주는 것보다 그 남자의 어려움들을 이해하는 따뜻한 눈빛과 토닥임에 웃으며 힘을 냅니다.

　결혼생활도 직장생활과 똑같습니다. 남편이 지친 표정과 축 늘어진 어깨로 집에 돌아왔을 때 부인은 "오늘 하루도 수고했어요. 직장생활 힘들죠? 나도 직장생활 해봐서 조금은 알아요.(또는 직장여성일 경우, 나도 알지 얼마나 힘든지. 나도 우리 부장 꼴 보기 싫어서 회사 때려치우고 싶은 적 많다)라는 이해의 말을 해준다면 남편은 웃을 것입니다.

전업 육아에 땀으로 범벅된 옷과 떡진 머리를 한 부인을 본 남편은 부인에게 "육아전쟁이라고 선배들이 그러더라. 산후우울증이라는 게 여자들은 있다고 하더라. 많이 힘들지?", "아이가 조금만 더 크면 수월해진대", "근데 당신 그거 알아? 당신이 형클어진 머리하면 더 섹시하더라. 오늘밤에 애들 재우고 밤에 맥주 한잔 할까?"라고 공감하며 다독거려 준다면 여자는 감동의 눈물을 흘릴 것입니다.

공감에 여자를 울게 하기 위해, 이해에 남자를 웃게 하기 위해 다음의 법칙을 기억하면 됩니다.

3E: 여자가 남자를 이해할 때
Empathy: 감정이입하고
Example: 예를 들어 말하고
Encourage: 용기를 불어넣어 주고

3C: 남자가 여자에게 공감을 해 줄 때
Consider: 상황을 고려해주고
Compliment: 칭찬해주고

Care: 돌보아 준다는 느낌을 주고

 행복한 결혼생활을 유지하고 싶어 하는 친구에게 이렇게 말해주세요!

"행복한 결혼생활을 유지하고 싶다면 직장생활을 하듯 치열하게 싸움터에 나가는 심정으로 전략과 전술을 짜고 맞서야 해. 전략과 전술은 어려운 게 아니라 너의 남편을 이해해주고, 또는 너의 부인의 말에 공감해 주는 것부터 시작하는 거야. 하나씩 실천해 나간다면 50년 후 너의 남편/부인 손을 잡고 크루즈선을 타고 여행하고 있을 거야."

바람을 피운다는 것은
어떤 의미일까?

왜 우리는 바람을 피울까요? 당신은 왜 바람을 피우시나요? 흔히 말하는 '불륜'은 정확하게 무엇을 의미하는 것일까요? 배우자 또는 애인 이외의 사람과의 섹스, 아니면 원나잇스탠드? 매춘, 안마시술소에서의 행복한 결말, 음란문자를 주고받는 행위, 포르노 시청, 데이트 채팅앱 사용? 이런 것까지 포함시킬 수 있지 않을까요? 하지만 대부분의 남성들은 동의하지 않을 수도 있습니다. 직업적으로 '성'을 파는 여성과의 접촉이나 음란 영상물을 보는 것은 바람을 피우는 것과는 무관하다고 일반적으로 말하곤 합니다. 왜냐하면 전 세계적으로 금기시되는 '불륜'이라는 것이 남성 중심적으로 재해석되었기 때문입니다.

조선시대에는 일부다처제가 허용되었고, 왕들은 후손을 번창시킨다는 명분하에 수많은 여자를 탐하거나 여러 명의 부인을 거느렸던 역사를 가지고 있습니다. 하지만 여성에게는 정반대로 아주 가혹합니다. 바람을 피운 여자는 사형시킬 수 있다는 법이 현재에도 전 세계 9개국에서 존재하고 있습니다. 또한 중세유럽에서는 혼외자식을 출산한 여자에게는 낙인을 찍기도 하였고, 그 아이를 죽이기도 하였습니다.

미국의 심리치료 전문가인 에스더 페렐esther perel은 전 세계를 돌아다니며 10년간 불륜에 관해 다양한 사람을 인터뷰했습니다. 그녀는 인터뷰를 통해 관계와 행복을 무너뜨리고 인간의 정체성을 잃게 만드는 것이 바로 바람을 피우는 행위라는 것을 깊이 이해하게 됩니다.

간통은 결혼이라는 제도가 생긴 뒤부터 존재해왔습니다. 우리나라에서도 사실 간통법이 폐지된 지 얼마 되지 않았죠? 한국에서는 62년간 유지되어 왔던 간통법이 폐지되면서 많은 논란이 일기도 했습니다. 이 법이 폐지되었을 때 성인용품 판매량이 급증했다는 믿기지 않는 이야기도 들은 적이 있습니다.

불륜은 예로부터 동서양을 막론하고 금기시되어 왔습니다. 현대에도 금기시되어 있지만 배우자를 속이며, 때로는 알게 하면서도 행해집니다. 왜 그럴까요? 그 이유에 대해 좀 더 깊이 생각해봐야 합니다.

불륜이 무엇인지에 대한 일관된 정의가 없어 이것에 대한 판단기준이 애매모호하기 때문입니다. 파울로 코엘료Paulo Coelho의 소설《불륜》에서 "남자들이 외도를 하는 것은 그들의 유전자에

새겨진 특징 때문이고, 여자들은 자존감이 부족해서이다"라고 하였습니다. 남자들은 불륜에 대해 그저 실수이거나 본능을 잠시 참지 못했다는 핑계를 대곤합니다. 하지만 여자는 자신의 육체뿐 아니라 결국 마음 한구석까지 내어주고 맙니다.

우리는 대부분 결혼하기 전에 누군가와 섹스를 합니다. 여러 명을 동시다발적으로 만나 사귀면서 섹스를 하게 되는 경우도 있고, 애인과 헤어지자마자 또 누군가를 만나 섹스를 하는 경우도 있습니다.

그러나 결혼을 하고 나면 타인과의 섹스를 멈추고 배우자와만 섹스를 하겠다고 스스로 다짐하고 약속합니다. 남성들은 결혼을 통해 여성의 결혼 후 정조에 대해 전적으로 신뢰하며 그녀가 출산한 아기가 자신의 유전자로부터 왔다고 굳게 믿습니다. 따라서 좀 더 객관적인 시각으로 바람을 피운다는 것에 대한 정의를 내릴 필요성이 있습니다.

불륜은 3가지 요소가 모두 충족되었을 때 누구나가 바람을 피웠다고 인정할 수 있습니다.

즉 비밀스런 관계유지를 하느냐, 어느 정도의 감정과 육체적 교류가 있느냐, 그리고 경제적 원조나 공유가 있느냐입니다.

우리는 끊임없이 욕구를 충족시켜줄 한 사람을 찾고자 하는 낭만적인 이상을 가지고 있습니다. 상대가 멋진 연인이자 가장 친한 친구가 되어주길 바라고, 비밀을 털어놓을 수 있는 사이이

길 바랍니다. 그런 상대를 만나면 스스로가 특별하고 선택받은 존재라는 착각 속에 빠지게 됩니다. 하지만 불륜은 누구에게나 미화될 수 없고 고통스럽고 수치스러운 행동임이 분명합니다.

국내 대기업 총수 중 한 사람은 불륜을 저지르고, 혼외자가 태어났다고 인정했습니다. 저는 그를 진정한 사랑꾼이라고 부르고 싶습니다. 그에게 사람들이 낙인찍기 위해 부르는 '불륜'이라는 단어는 어울리지 않는다고 생각합니다. 그는 음지에서 나와 세상에 맞서 스스로의 부족과 실수를 인정하고 이혼절차를 밟는 모습을 대중에게 보여 주었습니다. 어떤 이는 그런 사실 자체를 가지고 욕하지만 전 다른 관점으로 바라보게 되었습니다. 그는 스스로 만든 고통에서 자유롭고자 하는 욕구와 용기를 가지고 불륜이라는 꼬리표를 떼어버렸습니다. 결혼생활의 끝과 새로운 인생의 시작을 알리는 자필 편지글을 언론을 통해 공개했습니다. 저는 이 사건에 신선한 충격을 받았습니다. 시대를 거슬러 올라가 이런 용기를 가지고 자기 파괴에서 벗어난 사람이 있었을까요? 모든 불륜을 저지르는 사람들에게 그 총수처럼 새로운 인생을 찾으라고 조언하려는 것이 아닙니다. 적어도 자기파괴를 하는 것이 무엇인지 알 필요성이 있다는 것을 강조해 주고 싶은 것뿐입니다.

우리는 욕망을 추구할 권리가 있다고 생각하는 시대에 살고 있습니다. 이러한 흐름은 모두가 평등하게 행복할 자격이 있다고 생각하는 것에서 시작되었습니다. 과거에는 결혼생활이 불행하기 때문에 이혼했다면 이제는 행복해지기 위해 이혼하는 시대에 서 있습니다. 과거에는 이혼이 온갖 수치심을 불러일으켰다면 오늘날에는 이혼할 용기를 내지 못하는 것이 더 수치스러운 세상이 되어 가고 있습니다.

그런데 이혼할 수 있다면, 그럴 용기를 누구나가 가지고 있다면 왜 바람을 피울까요? 배우자가 누군가와 바람을 피우는 것은 당신과의 관계나 당신에게 무언가 잘못된 점이 있기 때문입니다. 당신이 필요한 모든 것이 집에 있다면 다른 데서 찾을 필요성이 없습니다. 하지만 열정에도 유통기한이 있고, 좋은 관계에서도 절대 느끼지 못하는 것이 있다면요? 행복한 사람도 불륜을 저지른다면 이것은 무엇을 의미할까요?

사람들은 자기도 모르게 지금껏 생각하는 가치와 행동이 서로 다르게 나타날 때도 있습니다. 수십 년 동안 배우자에 대해 신의를 지키면서 살아왔지만 어느 날 자신도 모르게 선을 넘는 위험에 처할 수도 있습니다. 불륜은 배신행위입니다. 반면 상실과 갈망의 표현입니다. 불륜을 저질렀던 사람들이 공통적으로 하는 한마디가 있습니다. "그때 난 살아있음을 느꼈습니다"라는 말입니다. 하지만 그 느낌은 순간입니다. 순간에 따라서만 살 수는 없습니다.

(TED Esther Perel:

The secret to desire in a long-term relationship 내용을 재구성함)

결혼생활, 연인관계에서 더 이상 바람을 피우지 말라고 강력하게 이야기하고 싶습니다.

배우자, 연인을 더 이상 사랑하지 않는다면 바람을 피우며 자기파괴를 하는 선택을 하기보다는 헤어짐의 용기를 선택하라는 조언을 드리고 싶습니다. 최선은 바람을 피우지 않는 것이겠죠?

그렇다면 우리는 바람을 피우지 않기 위해서 어떤 노력을 해야 할까요? 반대로 불륜을 저질렀다면 그 상처는 어떻게 치유해야 하는 것일까요?

바람을 피우지 않기 위해서는 우선 크게 두 가지를 알아야합니다. 첫 번째는 바람을 피우게 되면 나에게 일어날 무시무시한 일들입니다. 두 번째는 바람을 피우지 않게 만들어 주는 환경, 즉 행복한 결혼생활을 위한 지침입니다. 그리고 난 후 세 번째로 불륜을 저지른 후 상처를 치유하는 방법을 알아야 합니다.

▶ 바람을 피우게 되면 일어나게 될 일들

- ‣ 주변사람들이 나에 대한 부정적인 면을 더 많이 보게 된다.
- ‣ 경제적으로 어려움 또는 파산에 이를 수 있게 된다.
- ‣ 동시다발적인 2명 이상과의 섹스는 몸을 병들게 한다.
- ‣ 자기연민과 자괴감에 빠지게 된다.
- ‣ 정신적 불안감과 혼돈에 빠지게 된다.

▶ 행복한 결혼생활을 위해 해야 될 일들

‣ 결혼이라는 연극의 주인공은 당신 자신이라는 사실을 잊지 말아야 한다.

‣ 모든 부부싸움 원인의 50%는 나에게 있다는 것을 인정해야 한다.

‣ 결혼의 시작이 사랑이었음을 항상 되뇌어야 한다.

‣ 결혼생활의 긴장감은 사생활 노터치가 아니라, 사생활 존중임을 알아야 한다.

‣ 나 스스로를 이해하고 난 후 상대방을 이해하는 노력을 평생 해야 한다.

▶ 불륜을 저질렀을 때 상처를 치유하기 위해 해야 할 일들

‣ 자신의 잘못을 무조건적으로 인정해야 한다.

‣ 죄를 인정하고 후회한다는 것을 적극적으로 표현해야 한다.

‣ 불륜이 끝나서 다행이라는 말을 배우자에게 전해야 한다.

‣ 불륜 상대를 머릿속에서 깨끗이 지워내야 한다.

‣ 상대방이 불륜을 저지른 당신을 용서할 때까지 기다려야 한다.

불륜에는 두 가지 측면이 있습니다. 한쪽은 배신을 했고, 다른 한쪽은 배신을 당하는 것입니다. 배신을 하는 쪽은 자기파괴를 한 것이고, 배신을 당한 쪽은 성장과 고통을 이겨내는 방법을 배우게 되는 것입니다. 당신이 만약 두 가지 중에서 하나를 선택할 수 있다면 어떤 쪽을 선택하시겠습니까? 저는 아마도 후자를 선택할 것 같습니다. 왜냐하면 배신당한 고통을 이겨내고 성장한 나 자신은 더 나은 배우자와 애인을 만나게 될 가능성이 높다고 생각하기 때문입니다. 배우자의 바람으로 이혼을 하게 된다면 저에게는 두 번째, 세 번째의 지금까지와는 완전히 다른 멋진 결혼생활이 기다리고 있을지도 모르니까요.

 바람을 피우고 있는 친구에게 이렇게 이야기해주세요!

"그것이 사랑이라고 느껴질지 몰라. 하지만 불륜은 자기파괴를 하는 것이야. 너가 진정한 사랑을 찾는 것이라면 지금의 배우자와 헤어지고 새로운 사람과 새로운 인생을 시작하렴. 친구로서 네 자신을 파괴하고 있는 모습을 보는 것이 너무 가슴 아프단다."

스마트한 사랑이
가능할까?

뉴기니 산악지대를 여행하던 한 사람이 현지에서 아내가 셋인 남자와 만나 대화를 나누게 되었습니다. 그에게 이렇게 질문을 던졌습니다.

"아내가 몇 명인 것이 가장 좋으세요?"

한참 동안 대답이 없었습니다. 여행자는 속으로 '5명이라고 대답할까 아니면 10명, 혹시 100명이라 대답하면 어떡하지?'라고 생각했습니다. 그 사람이 다가오더니 말문을 열며 "한 명도 없는 게 낫죠"라고 대답하였습니다. 이것은 무엇을 의미할까요? 여러분의 상상에 맡기겠습니다.

현대사회에서 대부분의 국가들은 일부일처제만을 허용합니다. 그런데 실제로 다처제를 따르는 국가도 소수 존재합니다. 부인이 여러 명 있다는 것이 남자 입장에서 좋아보여도 실제로는 매우 골치가 아픈 일입니다. 부인들끼리 서로 싸우거나 다른 부인의 자식을 독살하거나 하는 일은 영화에서만 나오는 이야기가 아니라 다처제인 나라에서 흔히 일어나는 일입니다.

인간은 남녀가 한 쌍을 이뤄 생활합니다. 자녀를 출산하고 자신의 '아바타' 같은 자녀를 잘 양육하기 위해 함께 인생을 살아갑니다.

그렇다고 해서 인간이 한평생 한 사람만 바라보고 산다는 뜻은 아닙니다. 인간은 사랑 없이 살 수 없는 아주 형이상학적인 존재인 것은 분명합니다.

과거의 사랑은 단순하게 한 사람을 만나 어떤 감정에 빠지고 나이가 차면 결혼을 해서 자녀를 출산하고 공동양육을 하며 나이를 먹어갔습니다. 그러나 현대의 사랑과 결혼생활 방식은 다양해졌고 그것은 아마도 기술의 발전과 연관성이 있다고 보입니다.

우리는 IT 발달과 스마트폰 사용에 따라 사랑의 방식도 변화될 수 있다고 가정을 하고 그것에 대해 살펴보고자 합니다. 실제로 기술은 사랑에 거의 영향을 미치지 못합니다. 사랑의 감정은 각자가 느끼는 깊이와 형태가 매우 다를 뿐만 아니라 지속력 또한 다릅니다. 기술에는 인간이 느끼는 감정 상태에 영향을 미칠 수 있는 구조가 존재하지 않기 때문에 기술이 사랑을 변화시키는 일은 현재에도 미래에도 없을 것입니다.

하지만 기술이 발전함에 따라 인간의 구애 방식이 바뀌기는 했습니다. 요즘은 연인 또는 데이트 상대와 이메일과 문자를 주고받으며 이모티콘으로 감정을 표현합니다. 애플리케이션이나 SNS를 통해 데이트 상대를 물색하기도 합니다. 하지만 이런 달라진 구애의 방식들이 사랑의 근본적인 의미를 완전히 뒤바꿔 놓지는 못합니다. 데이트앱을 이용해 만날 상대를 구하는 현대인일지라도 마음에 드는 상대를 발견하게 되는 알고리즘은 과거나 현재가 같습니다. 자신이 생각해 왔던 이상형과, 기호, 취미, 신체적 조건이 마음에 드는 데이트 상대를 데이트앱에서도 찾는 본능은 숨길 수가 없습니다.

성격과 생물학의 연관성에 대해 연구하는 헬렌피셔Helen Fisher는 인간이 생각하고 행동하는 유형이 4가지라는 사실을 확신하게 됩니다. 4가지 유형에는 도파민계, 테스토스테론계, 세로토닌계, 에스트로젠계가 있다는 사실을 발견합니다. 그는 뇌의 활동과 관련한 설문지를 다양한 데이트앱에 올리고 40개국의 사람들에게 설문을 실시하였습니다. 대략 1,400만 명 이상의 사람들이 설문에 응했고, 누가 어떤 사람에게 끌리는지를 알 수 있게 되었습니다.

결과를 살펴보니 도파민계 사람들은 호기심이 많고, 창의적인데다 즉흥적이고 활력이 넘칩니다. 세로토닌계 사람들은 전통적인 성향과 종교적 성향이 짙습니다. 이 두 가지 유형은 자신과 비슷한 성향을 가진 사람에게 끌립니다.

테스토스테론계의 사람은 분석적이고 논리적이어서 직설적

이고 결단력이 있습니다. 에스트로젠계의 사람은 언변이 뛰어나고 사교술이 좋으며 직관적인데다 잘 보살펴주고 감정표현이 충실한 편입니다. 이상하게도 이 두 가지 경우는 반대성향에 끌립니다. 기술의 발전으로 활성화된 호르몬에 따라 어떤 파트너를 선택하게 되는지를 알 수 있다는 것이 정말 스마트하지 않나요?

(TED Helen Fisher:
Technology hasn't changed love. Here's why 내용을 재구성함)

그러나 이런 이론이 모두에게 들어맞는 것은 아닐 것입니다. 그래서 스마트한 사랑을 꿈꾸는 요즘 젊은이들에게 제안을 하려고 합니다. 스마트폰을 사용하고 SNS나 데이트앱을 이용하여 데이트 상대를 찾고 있는 당신에게 스마트한 사랑을 하기 위한 3가지 방법을 제시합니다.

"결혼혁명 이해하기"

만 년 간 이어졌던 전통 농업사회에서 벗어나 남녀가 평등함을 이해하는 데서 시작합니다. 수렵과 채집문화 속에서 우리 조상들은 여자들도 과일과 채소를 채집하는 일을 했습니다. 저녁 먹거리의 반 이상을 같이 준비해온 것입니다. 과거에도 맞벌이의 개념을 가지고 있었던 것입니다. 그런데 이제는 100% 평등한 남녀평등의 시대에 거의 가까이 왔습니다. 2014년 10월 기준 통계청의 발표에 따르면 우리나라 맞벌이 부부의 비율이 43.9%이며 40~50대의 맞벌이 비율은 50%를 넘어 섰습니다. 맞벌이에 따른 결혼생활의 혁명이 이루어져야 합니다. 결혼혁명의 대표적인 예가 가사분담입니다. 코넬대 연구팀은 최근 '성별에 따른 가사분담과 성관계'에 대한 연구를 통해 이 같이 주장했습니다.

"가사분담을 잘하는 부부가 잠자리 관계도 잦은 것으로 나타난다"

연구팀은 부부나 커플의 가사분담 비율을 기준으로 '전통', '평등', '반(反)전통'으로 나눴습니다. 여성이 가사를 65% 이상 분담하면 '전통', 35~65%를 분담하면 '평등', 남성이 65%이상 분담하면 '반전통' 집단으로 구분했습니다. 그 결과 '평등' 집단은 월 평균 6.8회 관계를 맺었는데, 이는 '전통' 집단에 비해 0.5회 많은 것이며, '반전통' 집단의 2배에 이르는 수치입니다. 연구팀을 이끈 코넬대 샤론 새슬러Sharon Sassler 교수는 "가사분담의 공평함에서 오는 만족감이 성적인 친밀도로 이어졌다"고 해석했습니다. 맞벌이 부부가 증가하면서 가사분담을 바라보는 시선이 바뀌었다는 것에 대해 지난해 댄 칼슨 조지아 주립대 사회학과 교수도 '육아분담의 양상과 성관계의 상관관계'라는 연구에서 같은 결론을 낸 바 있다는 뉴스기사도 나왔습니다. (LA 중앙일보 발행 2016년 07월 07일 스포츠 23면)

"안정적 애매함 벗어나기"

안정적 애매함의 의미는 혼자 있기는 두렵지만 타인과 정신적으로 친밀한 관계를 형성하는 것을 거부하는 상태를 말합니다. 당신이 사랑한다고 생각하는 연인은 당신과 미래를 약속할 마음은 없습니다. 하지만 주말 데이트를 빼먹지 않거나 동거를 이어가면서 당신과의 관계는 지속해 나갈 수도 있습니다. 또는 양다리를 걸치거나, 데이트나 연락을 뛰엄뛰엄하는 전략을 구사하는 경우도 있습니다. 이런 전략은 상대방이 더욱 나에게 질질 끌려 다니게 만들고 관계를 더욱 모호하게 만듭니다. 동시에 양다리를 걸칠 수 있는 틈을 만들기도 쉬워집니다.

인간이 갖는 사랑의 감정은 매우 순수하고 무조건적입니다. 이런 감정에 스마트함이라는 단어를 붙인다는 것은 안정적 애매함을 유지하겠다는 의미로밖에 해석이 되지 않습니다. 저는 개인적으로 '밀당'을 가장 싫어합니다. 감정은 밀고 당길 수 있는 성격의 것이 아닙니다. 밀고 당기는 기술을 구현할 수 있다면 그것은 사랑이 아니라 그저 상대에게 가지는 관심 정도일 뿐입니다. 상대방이 나에게 '밀당'을 하고 있다는 느낌을 받는다면 그 사람은 당신을 안정적 애매함의 테두리에 넣으려고 하는 것입니다. 그 테두리 속에서 살아갈지 말지에 대한 선택권은 당신에게 있습니다.

"한국식 동거해보기"

미국 내에서는 50% 이상의 미혼남녀가 장기 동거를 한다고 합니다. 그러나 한국에서는 미혼남녀의 동거는 여전히 터부시되고 있습니다. 그렇다면 어떻게 해야 스마트한 사랑을 하고 완벽하다고 생각되는 짝을 만나 결혼에 골인할 수 있을까요?

사람을 제대로 알려면 많은 시간을 같이 하고 다양한 경험을 나누며 육체적으로도 가까운 사이가 되어야 합니다. 그렇게 하려면 가장 쉬운 방법이 동거이지만 한국에서는 성인이 된 후에도 여전히 부모와 함께 살기 때문에 현실적으로 불가능해 보입니다. 저는 여기서 한국식 동거를 제안하고 싶습니다. 이것은 주말이나 연휴 기간 동안만 같이 동거하는 형태를 말합니다. 파트너 중 한 사람이 혼자 거주를 한다면 그 집에 주말과 연휴 기간 동안 머물면서 동거 같은 생활을 해보는 것입니다. 만약 이것이 불가능하다면 주말과 연휴에는 데이트보다는 여행을 같이 가보는 것도 좋은 방법입니다.

여행에서는 요리, 방치우기, 설거지, 마트 장보기 등과 같이 실제 동거하는 사람들이 하는 일상생활을 해보는 것입니다. 여기서 그 사람의 행동패턴, 가치관, 가사분담 의지 여부를 파악할 수 있게 됩니다. 물론 이것은 한두 번 정도에 확인하기 힘듭니다. 최소 20번 이상을 같이 해보야야 한다고 생각합니다. 한 달에 한 번 꼴로 여행을 간다고 가정했을 때 최고 2년 정도는 사귀어 보아야 한다는 결론이 나옵니다. 2년 정도의 시간이라면 파트너와 같이한 경험 내용의 질도 풍부해져 있으리라 생각됩니다. 그렇다면 결혼을 위한 다음 단계로 넘어가도 불안한 감정을 느끼지 않을 수 있습니다.

★ **스마트한 사랑을 찾는 친구에게 이렇게 말해주세요!**

"스마트한 사랑을 하려면 스마트한 방법을 찾아야 해. 머리를 써서 연애의 밀당을 하는 것이 스마트한 사랑이 아니라 나와 잘 맞는 사람을 찾고 그 사람과 미래를 함께해 나갈 수 있는지를 잘 가늠하는 것이 스마트한 사랑이란다. 그리고 만약 누군가가 너에게 밀당을 하고 있다고 느낀다면 더 이상 그 사람과의 관계를 지속할 필요성이 없다는 것을 알아둬."

만약 내가 LGBT와 같은 성 소수자라면
정상적으로 살아갈 수 있을까?

여기 평범한 커플처럼 보이는 남자와 여자가 서있습니다. 하지만 그들은 생물학적으로는 둘 다 여자입니다.

아시아인의 외모를 가진 제니가 말문을 엽니다.

"저는 중국계 미국 이민자입니다. 제가 부모님께 게이라고 말씀을 드렸을 때 제게 하신 첫마디가 '널 대만으로 다시 데려가야겠다'였습니다."

부모님의 머릿속에는 그녀의 성 정체성이 미국의 잘못이라는 생각이 들었기 때문입니다. 서구의 문명이 그녀를 다른 사상들로 타락시켜 놓고 대만을 떠나지 않았더라면 딸에게 이런 일이 일어나지 않았을 거라는 생각이 드셨을지도 모릅니다. 그녀도 그게 사실일지 궁금했습니다.

물론 세계 모든 곳에 게이가 있듯 아시아에도 게이가 있습니다. 공개적으로 "난 게이고 이 사람이 내 배우자예요. 우리는 자랑스럽게 생각해요"라고 밝히고 사는 게 단지 서구적인 생각인 걸까요?

그녀의 파트너 리사는 샌프란시스코에서 일하는 에이즈 사회복지사로서 많은 게이 이민자들을 만났습니다. 그들은 단지 게이라는 이유만으로 고국에서 멸시 당했던 이야기를 들려주었고 미국으로 도피해 온 이유도 그것 때문이라고 합니다. 이런 차별이 그들을 얼마나 상처받게 했는지 그녀는 너무나 잘 알고 있습니다. 그녀는 일을 위해, 그리고 자신을 위해 성 소수자들이 더 나은 세상에서 살게 하고 싶다는 생각을 합니다.

리사의 파트너 제니는 자신들의 이야기를 통해 성 소수자들에게 희망이 담긴 이야기를 들려주고 싶다고 했습니다. 그래서 그들은 자신에게 애칭을 붙여 주었습니다. 그 이름은 바로 '슈퍼게이'입니다. '슈퍼게이'의 의미는 세상에서 중요하고 영향력 있는 일을 하는 LGBT(레즈비언lesbian, 게이gay, 양성애자bisexual, 트랜스젠더transgender)의 일원이 되겠다는 의지를 보여주는 것입니다. 그들은 용기 있으며 어떤 압박에고 굴복하지 않고 자부심을 가진 사람이 되겠다는 결심을 했습니다.

리사와 제니는 비슷한 처지의 사람들을 찾아 인터뷰를 하기 위해 여행을 같이 떠납니다. LGBT의 인권보장 정도에서 차이가 있는 아시아, 아프리카, 남아메리카 약 15개의 국가를 선별한 후 캠코더를 사고 다큐멘터리 만드는 법을 공부하며 준비하였습니다.

그들이 처음 간 곳은 네팔이었습니다. 나라 전체가 가난과 10년간 지속된 내전, 얼마 전 일어났던 지진으로 어수선했습니다. 그럼에도 네팔은 평등을 위한 시민들의 투쟁이 계속되고 있었습니다. 그 움직임의 주요 인물 중 한 사람은 '부미카 슈페스타'였습니다. 그녀는 아름답고 활기 넘치는 트랜스젠더 여성으로 어린 시절 성별에 관한 정체성의 혼란으로 학교에서 퇴학당하고 감옥에 갇히는 시련을 겪었다고 합니다. 2007년 부미카는 네팔의 대법원에 LGBT의 인권을 보호하라는 청원서를 제출했습니다. 부미카는 이렇게 얘기합니다.

"제일 자랑스러운 거요? 제가 트랜스젠더라는 사실입니다. 저는 제 삶 자체가 자랑스럽습니다."

2007년 12월 21일 대법원은 네팔 정부에게 트랜스젠더에게 신분증을 지급하고 동성결혼을 허용한다는 판결을 내렸습니다. 리사는 부미카의 자신감에 오히려 고마움을 느낍니다.

다음으로 제니와 리사는 인도로 여행을 떠납니다. 세계 최초로 공개적으로 동성애를 커밍아웃한 인도의 만벤드라 왕자를 만나기 위해서입니다. 이 왕자는 오프라 윈프리 쇼에서 커밍아웃을 하여 전 세계를 놀라게 하였을 뿐만 아니라, 왕가에서 쫓겨났습니다. 왜 이런 무모한 짓을 저질렀을 까요? 제니가 왕자에게 묻자 이렇게 말합니다.

"우리 사회에 존재하는 차별과 성 소수자에 대한 낙인을 없애고자 하는 요구가 높아졌다고 느꼈습니다. 그것이 제 자신이 공개적으로 동성애자임을 밝히게 만드는 힘이 되었습니다. 어떤 종류의 성 소수자이든 간에 우린 모두 뭉쳐서 우리의 권리를 위해 싸워야 합니다. 우리들의 인권은 법원에서 얻을 수 있는 것이 아니라 사람들의 마음을 움직여야만 얻을 수 있는 것입니다."

제니와 리사는 동아프리카로 떠났습니다. 케냐에서는 대부분 커밍아웃을 하면 가족에게서 절연당한다고 합니다. 동성애는 범죄로 분류되고 발각되면 투옥될 수 있습니다. 케냐에서 '데이빗 쿠리아'를 만났습니다. 그는 상원의원에 출마했으며, 최초로 케냐 게이 정치인이 되었습니다. 왜냐하면 그는 가난한 사람들을 위해 일하고 자국 정부를 발전시키고 싶어 하는 사명감을 가지고 있기 때문입니다. 그는 자신의 성 정체성을 숨기거나 부정하지 않고 당당히 밝히고 선거 운동을 지속해 나갔습니다. 그 당시 그는 살인 협박을 끊임없이 받았고 게이를 타도하는 집단으로부터 선거 방해를 받았습니다. 하지만 그는 자신의 신념대로 앞으로 나아가고 있으며 위협을 받으면서도 진실한 삶을 살고 있습니다.

제니와 리사는 15개국을 여행하며 만난 50명의 성 소수자들을 인터뷰하면서 많은 것을 생각했습니다. 거기서 이들은 희망과 용기를 주는 이야기들을 찾아냈으며 성 정체성을 뛰어 넘은 평등은 모든 인간이 추구하는 아주 평범한 것이라는 사실을 깨달았습니다.

(TED Jenni Chang and Lisa Dazols:
This is what Lgbt life is like around the worlds 내용을 재구성함)

한국에서는 LGBT라는 용어뿐만 아니라, 실제로 이 부분에 대해 공개적으로 논의된 적이 거의 없습니다. 어떤 방송인이 커밍아웃을 했을 때는 방송에서 그를 한동안 볼 수 없었습니다. 이 정도로 한국의 문화는 LGBT에 대해 배타적입니다.

제가 호주에서 유학했던 20대의 시간이 갑자기 떠오릅니다. 호주는 '게이의 천국'이라고 불릴 만큼 성 소수자들에 대한 편견이 거의 없습니다. 심지어는 세계적인 게이 축제인 '마그리다'라는 것이 매년 열려, 전 세계 LGBT들의 집합장소가 되기도 합니다. 호주에서 살 때 우연히 시내에 나갔다가 '마그리다' 축제를 보게 된 그날, 그 광경에 놀라지 않을 수 없었습니다. 남녀를 구분할 수 없는 모습의 사람들이 화려한 분장과 의상을 입고 거리 행진을 하며 즐기는 모습을 볼 수 있었습니다. 그러던 와중 더욱 나를 놀라게 한 것은 퍼레이드의 한 장면에 그 방송인이 무리에 섞여 행복해 하면서 걷고 있는 모습을 발견한 것입니다. 물론 개인적으로 아는 사이는 아니지만 내가 TV 속에서 본 그 사람이 호주의 게이축제 무리 속에 있다는 것에 놀라지 않을 수 없었습니다.

현재 그 방송인은 어떤 행보를 달리고 있을까요? 자신의 재능을 살려 맛있고 멋있는 레스토랑들을 경영하고 있으며, 외식업계의 큰손으로 불리고 있습니다. 커밍아웃한 후 이후 오랫동안의 공백기를 깨고 방송활동도 활발하게 하고 있습니다. 더욱 보기 좋았던 것은 방송 중 자신의 성 제청성에 대한 것을 거리낌 없이 이야기한 것입니다. 특히 자칫 무거운 이야기가 될 수 있는 성 정체성에 대한 부분을 유머러스하게 표현하여 사람들에게 친근함을 주고 있다는 점입니다.

한국 사회도 변화하고 있습니다. 연예인처럼 대중 앞에 서는 화려한 직업을 가진 사람들뿐만 아니라 일반인들도 자신의 성 정체성에 대해 이야기를 합니다. 영화감독 김조광수 씨는 게이라고 커밍아웃을 했을 뿐만 아니라, 게이를 소재로 한 영화를 만들었습니다. 자신의 직업적 특성을 통해 게이에 대한 세상의 편견에 맞서 싸우고 있는 모습에 박수를 보내고 싶습니다. 어떤 종류의 성 정체성을 가졌느냐는 중요하지 않습니다. 그러나 어떤 종류의 정신세계를 가졌느냐는 중요하다고 말했습니다.

외국 항공사에서 일할 때 저는 전 직장동료인 게이 친구에게 이런 이야기를 들은 적이 있습니다.

"게이들은 파트너가 있는데 바람피우는 것에 대해 일반인들보다 더 엄격한 잣대를 가지고 있어. 왜냐하면 성 소수자이기 때문에 파트너를 만나는 것이 일반인보다 쉽지 않기 때문이야"

이 말을 듣고 저는 충격에 휩싸였습니다. 우리의 사회는 어떠한가요? 오피스와이프, 오피스 허즈번드라고 불리는 이상한 직장인들의 문화가 있으며, 불륜 소재의 드라마나 영화가 넘쳐납니다. 이것은 사회가 '불륜문화'를 묵인하고 있다는 증거입니다. 이런 현상에 대해 '결혼한 지 10년이나 되었는데 애인 한두 번 안 사귀어 본 사람이 있어?' 또는 '밖에 나가면 내가 뭐하는지 남편, 부인이 알게 뭐야?'라는, 말도 안 되는 정신세계를 가진 사람이 의외로 많다는 것입니다.

성 소수자에 대한 편견과 멸시의 시선을 가지기 이전에 사랑에 대한 당신의 가치관은 올바른지를 생각해 봐야합니다. 저는 성 소수자를 지지하는 사람도, 그렇다고 그들을 편견의 시선으로 바라보는 사람도 아닙니다. 모든 인간은 평등하며 자신의 성 정체성을 선택할 권리를 가지게 됩니다. 당신이 성 소수자가 아니라고 해서 '당신은 정상입니다'라고 말할 수 없습니다.

당신이 사랑을 할 때 상대방을 소중히 인식하고 사랑을 지키려고 노력할 때만 '당신은 좋은 사람입니다'라고 말할 수 있습니다. LGBT(성수소수자)라도 자신이 가진 진정한 사랑을 지킬 수 있다는 것이 더 중요합니다. '성 소수자'라는 자체가 논의에 오르는 세상이 아니라 '성 소수자'인 친구의 결혼식에 가서 축하 박수를 치고 있는 모습이 낯설지 않는 세상이 올 것이라고 확신합니다.

성 소수자인 친구에게 이렇게 말해주세요!

"세상은 성 소수자에게 선입견을 가지고 있지만 세상의 모든 사랑은 다 공평한 거야. 자기에게 맞는 사랑을 찾고 행복해지기 위해 사랑을 하는 것이지 변태적이거나 특이한 것을 찾기 위해서 성 소수자가 된 것이 아니란다."

SEX를 통해 얻는 즐거움,
오르가즘에 대해 알아야 할까?

 Sex를 상상하면 제일먼저 '오르가즘'이라는 단어가 떠오릅니다. 오르가즘은 자율신경계의 반사작용입니다. 오르가즘 또는 성적 절정은 지속적인 성적 자극에 대한 성 반응 주기 중 고조기의 마지막 절정으로, 강렬한 감정적 쾌감으로 정의할 수 있습니다. 남성과 여성 모두 이를 경험할 수 있는데, 오르가즘은 무의식, 혹은 자의적인 대뇌 변연계의 긴장 반응으로 제어되고, 생식기와 항문을 둘러싼 골반 하부 근육의 수축이 동반됩니다. 오르가즘은 종종 신체 여러 부위의 근육 경련과 도취감, 몸의 움직임이나 발성 등 무의식적인 기타 행위들을 동반합니다. (위키백과 중에서) 사람들이 오르가즘을 느끼는 과정에서 단순히 성기나 성기 주변을 만진다고 느끼는 것은 아닐 수도 있습니다. 개인의 성적 취향에 따라 신체의 어느 부위에 자극을 줘야 느끼는

지가 달라질 수 있다는 것입니다. 여러분도 스스로 자신이 오르가즘을 느꼈던 순간을 떠올려 보세요. 눈썹을 만지는 경우, 등을 쓰다듬는 경우, 무릎을 만지는 경우, 허리를 감싸 안는 경우 등 매우 다양합니다.

건강, 음식, 섹스에 관련한 책과 칼럼을 쓰고 있는 메리 로치Mary Roach는 sex에 관한 리서치를 통해 독특한 케이스를 발견하게 됩니다. 매번 이를 닦을 때마다 오르가즘을 느끼는 여자가 있다는 것을 알게 됩니다. 이를 닦는 과정에서 발생하는 운동 감각계가 알 수 없는 복잡한 상호작용으로 오르가즘을 일으켰다고 합니다. 그녀는 신경외과 의사를 찾아갔는데 그 의사도 매우 놀라워했다고 합니다. 심지어 그 신경외과 의사는 치약에 무슨 성분이 들어 있는지 살펴보았을 뿐만 아니라, 잇몸 자극이 원인이라고 생각하고 이쑤시개로 잇몸을 찔러 보기도 했답니다. 그녀는 왠지 충치가 하나도 없을 것 같다는 생각이 듭니다. 결국 그녀는 이를 닦을 때마다 느끼는 오르가즘이 불편하다고 느껴질 정도여서 이것을 피하기 위해 구강청결제만 사용한다고 합니다.

상상해 보시길 바랍니다. 예를 들어 손가락 끝부분에 물체가 닿기만 해도 오르가즘을 느끼는 사람이 있다고 가정해 보겠습니다. 아침에 일어나 우유 한 잔을 마시기 위해 냉장고를 열 때 손가락 끝부분이 닿아 오르가즘을 느끼게 됩니다. 손을 씻을 때마다, 화장실에서 옷을 올릴 때마다, 버스나 전철에서 손잡이를 잡을 때마다, 펜을 손에 쥘 때마다 느끼게 될 것입니다. 일상생활 모든 순간순간에 오르가즘을 느낀다면 더 이상 환희의 비명을 지를 수 없고, 귀찮음과 짜증으로 비명을 지르게 될 것입니다.

결국 좋은 것이라고 생각하는 '오르가즘'도 정도가 지나치다면 오히려 악이 된다는 사실을 알 수 있습니다.

(TED Mary Roach: 10 things you didn't know about orgasm의 내용을 재구성함)

사람들은 일반적으로 더 많은 오르가즘을 느끼는 방법에 대해 관심을 가지고 있을 것이라고 예상됩니다. 그래서 그 방법에 대해 한 번 생각해보도록 하겠습니다.

"섹스의 주체는 자신이다"

특히 남자들은 섹스를 할 때 여자를 기쁘게 해주어야 한다는 강박관념에 시달립니다. 관계 후 여성의 반응과 말에 남자들은 우쭐해지기도 하고, 자괴감에 빠지기도 합니다. 섹스는 사랑을 확인해 가는 과정입니다. 그 과정을 즐겨야 합니다. 여자를 성취해야 한다는 목표의식은 독약이 될 뿐입니다. 상대방을 느끼는 과정 속에서 안정되고 따뜻하고 충족되는 기분 자체를 즐겨야 합니다. 섹스는 단순히 성적인 쾌락을 얻는 것이 아니라 연인, 부부관계 만족도의 척도 중 하나입니다. 상대방에게 만족을 주기 위해서는 스스로가 만족스러워야 합니다. 자기 자신을 사랑해야 남을 사랑할 수 있다는 것과 같은 원리입니다. 당신의 섹스는 당신 스스로의 오르가즘을 찾기 위함임을 잊지 마십시오.

"상상력을 발휘해야 한다"

연인이나 부부, 어떤 관계이든 일정 시간이 흐르면 긴장감이 없어지기 마련입니다. 특히 섹스를 함에 있어 긴장감이 고조되지 않는다는 것은 오르가즘을 느낄 확률이 줄어든다는 의미입니다. 사람들이 바람을 피우거나, 정해진 파트너가 아닌 사람과 섹스를 하는 가장 근본적인 이유는 긴장감입니다. 긴장감은 피로감을 유발하기도 하지만 좀 더 자극적인 오르가즘에 도달하는데 도움을 줄 수 있습니다. 하지만 매번 긴장감이 유발되는 관계를 만들어 섹스를 한다는 것은 현실적으로 불가능합니다. 그렇기 때문에 현재 당신의 연인, 배우자와 긴장감 있는 섹스를 즐기는 방법을 찾아야 합니다. 가장 쉬운 방법이 상상의 나래를 펼치는 것입니다. 인간에게 가장 자극을 주는 섹스의 3가지 요소는 낯선 사람, 낯선 장소, 낯선 체위입니다. 이것 중 낯선 장소와 낯선 체위는 얼마든지 시도해볼 수 있습니다. 만약 이것을 매번 실행에 옮기기 어렵다면 낯선 장소와 체위를 상상하는 것만으로도 오르가즘에 근접할 수 있습니다. 당신이 평소 좋아하는 여배우와 바닷가 백사장에서 야동에 나오는 체위로 섹스한다고 상상해 보시는 것을 어떨까요?

"야동을 같이 보지 말아야 한다"

남자들끼리 '야동'을 돌려보는 것은 친한 정도를 의미합니다. 야동은 섹스라는 행위를 좀 더 자극적이고 과장되게 보여줍니다. 남자들이 야동을 보는 것은 여자들이 현대판 신데렐라와 같은 내용의 드라마를 보는 것과 같은 원리입니다. 바로 가질 수 없는 것, 현실에서는 이루어질 수 없는 것을 영상을 통해 즐기고 싶은 심리에서 출발합니다. 때로는 이것을 현실화시키고 싶은 과한 욕심을 가진 남성은 자신의 연인, 배우자에게 같이 야동을 보자고 청하기도 합니다. 이때 어떤 여성들은 동의를 하기도 합니다. 만약 서로 합의하에 야동을 같이 보았다고 생각해봅시다. 남성은 야동에 나왔던 육감적 몸매의 여성과 자신의 파트너를 비교하기 시작합니다. 여성도 마찬가지입니다. 공격적이고 힘이 넘치는 섹스를 하는 남성의 모습과 비교하기 시작할 것입니다. 사람의 마음은 다 같습니다. 남과 내가 비교당할 때 느끼는 비참함은 이루 말할 수 없습니다. 실제로 한 미국의 심리학자가 조사를 한 결과 야동을 같이 시청하지 않은 커플들의 성생활이 더 원만했다고 합니다. 야동은 남자들끼리 돌려보는 플레이보이 잡지책이나 토이피규어 장난감 같이 잠시의 유희를 위한 것이지, 성생활의 지침서가 될 수 없습니다. 진정한 오르가즘을 느끼고 싶다면 섹스하는 그 순간에 집중하세요. 집중은 야동보다 더 많은 쾌락을 가져다 줄 것입니다.

⭐ 오르가즘을 많이 느끼고 싶어 하는 친구에게 이렇게 말해주세요!

"성적 쾌감은 좋다고 알고 있지만, 실제로 그것이 지나쳐 불편함을 느끼는 사람도 있대. 매번 칫솔질을 할 때 오르가즘을 느낀다고 생각해봐. 그게 즐겁겠니? 오히려 괴롭겠지. 즐거움을 주는 오르가즘은 사랑이 수반되는 관계, 서로의 몸을 이해하는 과정 속에서 생겨날 거라고 생각해."

진정한 사랑의
의미는 무엇일까?

사랑이 무엇일까요? 이 단어 하나를 한 마디로 정의하기 어렵지만 매우 다양하게 사용할 수 있습니다. 달리기를 사랑할 수 있고, 책이나 영화를 사랑할 수도 있으며 소고기를 사랑할 수도 있습니다. 배우자를 사랑할 수 있고, 애인을 사랑할 수도 있습니다.

그러나 소고기와 배우자는 커다란 차이가 있습니다. 당신이 소고기에 가치를 둘 수 있지만, 반대로 소고기는 당신에게 가치를 두지는 않습니다. 반면에 배우자는 인생에서 당신이 가치를 두면 둘수록 배우자도 당신에게 가치를 부여합니다. 따라서 호감을 갖는 또 다른 존재만이 당신에게 호감을 보일 수 있는 것입니다. 그게 바로 사랑이란 것입니다. 따라서 사랑에 대한 궁극적인 문제에 대해 생각해 보면 이런 답이 나옵니다.

'어떻게 해서 호감을 느끼게 되고 또 호감을 유지할 수 있을까?'

사람들은 자기가 할 수 있는 특별한 역할이 있습니다. 그건 성별이나 나이, 사회적 위치에 따라 달라집니다. 사람들이 사회 전체에 의해 가치를 인정받고 사랑받으려면 자신의 역할을 수행해야만 합니다.

13세기에 서구 르네상스 시대에 어떤 현상이 시작됩니다. 이 현상으로 말미암아 인류 역사상 가장 커다란 정체성의 위기가 발생합니다. 이 현상은 바로 근대성입니다.

이것은 기술의 발전을 가속화하고, 정치적으로 민주화를 시켰습니다. 또한 경제적 생산과 교역의 자유화 과정을 만들어 냈습니다. 서구 사회가 가지고 있던 모든 전통적인 것들을 완전히 황폐화시켰습니다. 이것은 개개인에게도 급진적인 변화를 안겨 주었습니다. 이제 개개인은 어떤 태도나 선택, 대상에 대해서 마음대로 가치를 부여하기도 하고 가치를 두지 않기도 합니다. 그 결과 본인들도 똑같이 다른 이들이 자기 자신에게 가치를 두거나 그렇지 않을 수 있는 자유와 직면해야 했습니다.

사람들은 누구나 내가 가치가 있을까, 그 가치는 얼마나 될까, 몇 사람이나 나를 사랑할까와 같은 질문에 대해 생각해볼 수 있습니다. 이런 불안감을 느끼게 하는 생각은 왜 하게 될까요?

이런 불안감은 우리가 현재 물질만능주의적인 사회 속에 살고 있기 때문에 나타나는 현상입니다. 우리가 물질을 축적하는 것은 다른 사람들과 소통하기 위한 것입니다. 우리가 그렇게 하는 것은 그들이 우리를 사랑하도록 유혹하려는 것입니다. 세상에 어떤 것도 10대 청소년이 청바지를 새로 사서 무릎 부분을 잘라버리는 것보다 덜 물질적이거나 더 감성적일 수 없습니다. 이런 행동을 하는 것은 청바지라는 물질을 통해 이성에게 매혹적으로 다가가고 싶기 때문입니다. 여성이 향수를 사서 뿌리고 남자 친구를 만나러 가는 것도 마찬가지입니다. 남성이 더 좋은 차를 사고 싶어 하는 욕망을 가진 것도 같은 이유입니다.

(TED Yann Dall'Aglio: Love—you're doing it wrong의 내용을 각색, 재구성함)

　　요즘 20대들의 사랑은 어떤 형태를 띠고 있을까요? 데이팅앱을 통해 누군가를 만나거나 SNS를 통해 만난 이성에게 호감을 가지기도 합니다. 데이트 상대를 찾기 위해 인스타그램의 사진들을 찾아보고, 다이렉트 메시지를 보내기도 합니다. 굉장히 편리하고 재미있는 방법으로 데이트 상대를 물색할 수 있습니다. 이런 방법으로 찾은 데이트 상대와 사랑에 빠질 확률은 얼마나 될까요? 물론 데이트를 하는 사람들이 모두가 사랑에 빠지는 것이 아니라는 사실쯤은 누구나 다 압니다.

　　사랑의 근원은 상대방에게 부여하는 가치에 기인합니다. 또한 상대방이 나에게 두는 가치도 중요한 요소입니다. 사람들은 사랑에 빠지면 자신도 모르는 사이에 비상식적인 경험과 느낌을 갖게 됩니다. 사랑에 빠진 대상에 대해 아주 작은 것에도 특별한 의미를 부여하기 시작한다는 것입니다. 즉 상대방의 아주 긍정적인 측면만을 보고 그 사람을 사랑한다고 믿으며 이 세상의 유일한 존재라고 믿는다는 뜻입니다.

(TED Helen Fisher: Why we love, why we cheat의 내용을 재구성함)

진정한 사랑의 의미나 정의는 개인차가 있습니다. 수세기 동안 이 주제로 영화, 시, 소설, 연극 등이 만들어졌고, 이것은 미래에도 계속될 것입니다. 하지만 궁극적으로 사랑이 상대방에게 가치를 두고 있느냐의 여부에 달려 있다면, 상대방이 당신에게 가치를 두고 있음을 나타내는 행동에는 어떤 것들이 있는지 판단기준을 세워야 합니다.

연인, 배우자가 당신에게 전화하지 않는 이유는 딱 2가지입니다. '죽었거나 하기 싫거나'입니다.

당신에게 지속적으로 전화하거나 문자를 보내는 사람은 당신에게 가치를 두고 있는 것입니다. 물론 하루에 전화, 문자의 횟수는 개인차가 큽니다. 이 개인차와 관련한 빈도에 대한 답은 당신 스스로 가지고 있습니다. 그리고 빈도에 대한 불만이 있다면 연인, 배우자와 터놓고 이야기 나누는 것도 좋습니다. 지속적으로 연락을 한다는 사실 자체가 당신에게 가치를 두고 있다는 뜻입니다.

생일, 기념일을 인식합니다.

모든 연인이나 부부들이 생일에 이벤트를 만들거나 기대하는 것은 아닙니다. 또한 이벤트를 벌이는 것을 싫어하는 사람들도 있습니다. 의미 있는 날을 기억하는 것 자체가 중요합니다. 이 중요한 날들에 무리한 선물을 요구해서는 안 됩니다. 그날을 기억해 줌에 감사하고, 같이 시간을 보내는 것이 더 중요합니다. 만약 사랑하는 상대가 날짜 개념이 약한 사람이라면 당신이 그것을 일깨워줄 필요성이 있습니다. 그럼에도 불구하고 생일을 기억하지 못한다면 상대는 당신에게 가치를 두고 있지 않다는 뜻입니다.

어두운 길을 같이 걸어가 줍니다.

인생에서 밝은 부분을 같이 할 사람은 너무나 많습니다. 당신이 승진을 했을 때, 원하던 목표를 이루었을 때 같이 기뻐해 줄 사람은 사랑하는 연인이나 배우자가 아니더라도 가능합니다. 하지만 인생의 고통, 슬픔, 좌절의 순간에 당신과 같이 할 사람은 손에 꼽습니다. 이혼을 앞둔 한 여자가 남편에 대한 생각을 합니다. 이 남자는 내가 아프면 나를 간호해줄까? 아니면 나를 버릴까? 그 답은 '버린다'였습니다. 그래서 그녀는 미련 없이 이혼을 택했다고 합니다. 모든 삶의 두려운 순간들에 같이 손잡고 걸어가 줄 사람이 있다면 그 사람은 당신에게 가치를 두고 있다는 것입니다.

상대가 좋아하는 것을 하는 것보다, 싫어하는 것을 안 하는 것이 더 중요합니다.

우리는 누군가를 사랑한다는 이유로 상대가 좋아하는 음식을 같이 먹으러 갑니다. 상대가 좋아하는 색의 옷을 입습니다. 상대가 좋아하는 취미활동에 같이 참여합니다. 하지만 아무리 사랑하는 사이라도 다툼과 이별은 언제나 찾아옵니다. 그 이유는 무엇일까요? 바로 상대방이 싫어하는 것을 하지 않는 부분에 대해서는 생각해 보지 않았기 때문입니다. 상대가 좋아하는 것을 하기 이전에, 상대방이 싫어하는 것이 무엇인지 먼저 생각해 봅니다. 그리고 그런 행동을 하지 않기 위한 노력에 힘을 기울입니다. 그런 노력을 하는 사람은 당신에게 가치를 두고 있는 사람입니다.

★ 진정한 사랑이 무엇인지 모르겠다고 말하는 친구에게 이렇게 말해주세요!

"사랑의 정의는 사람마다 다 다르지. 그런데 중요한 것은 사랑하는 사람이 좋아하는 것을 해주려 하기보다는 사랑하는 사람이 싫어하는 것을 하지 않으려는 배려가 더 중요하다고 생각해. 상대방이 싫어하는 행동을 하지 않으려는 노력을 보여주는 것 자체가 가치가 있고 의미가 있는 것이니까."

질투의 본질은
무엇일까?

8살은 어떤 나이일까요? 사물을 정확히 구분하고 상황을 인지할 수 있는 나이입니다. 8살짜리 한 소녀가 있습니다. 그녀 반에 새로 한 여자아이가 전학을 왔습니다. 그 여자아이는 빛나는 머리카락을 가지고 있을 뿐만 아니라, 작고 귀여운 필통도 갖고 있습니다. 또한 선생님이 질문하는 것들에 대해 망설임 없이 척척 대답하곤 합니다. 더 놀라웠던 것은 받아쓰기할 때 맞춤법을 틀리지 않는 학생이라는 것입니다. 같은 반에 있던 8살 소녀는 그 여자아이에 대한 질투로 잔뜩 마음이 꼬여 있습니다. 소녀는 어느 날 꽤 늦게까지 학교에 남아서 여학생 화장실에 숨어 있었습니다. 아무도 남은 사람이 없다는 것을 확인한 후 밖으로 나가 교실로 살금살금 들어갔습니다. 선생님 책상 서랍에 있던 '학생생활기록지'를 꺼내 전학 온 여자아이의 점수를 모두 A에서 D로 바꿔버렸습니다. 그리고 자신의 성적은 모두 A로 바꿨습니다.

실제 그 일을 했던 소녀가 성인이 된 후 인터뷰를 했습니다. 그녀는 그때의 일들을 회상하면 당혹스럽다고 합니다. 어떻게 그런 생각을 했는지 모르겠다고 말합니다. 무엇보다 가장 당황스러웠던 것은 그 여자아이가 맞춤법을 틀리지 않은 것이 왜 거슬렸느냐는 것입니다. 어딘가에 숨어 있던 질투의 감정이 나타난 것이 놀랍다고 했습니다.

미국 내 배우자를 살인하는 원인 1위가 바로 질투입니다. 배우자가 다른 사람과 바람을 피우는 것을 알았을 때 질투심은 살인을 할 정도로 무서운 힘을 발휘합니다. 질투에 관한 수많은 연구들이 있습니다. 우리는 아주 쉽게 소설, 영화 속에서 이런 것들을 찾아볼 수 있습니다. 만약 질투를 하지 않았다면 문학이라는 것이 생겨나지 않았을지도 모릅니다. 위대한 개츠비, 오딧세이, 보바리 부인 등 많은 문학작품들에서 질투를 가장 중요한 소재로 사용하고 있습니다.

질투를 느낄 때 우리에게 어떤 일들이 일어나는지 생각해 봅시다.

영화 《헤어화》를 보면 빼어난 미모와 탁월한 창법으로 최고의 예인으로 불리는 소율(한효주)과, 심금을 울리는 목소리를 가진 연희(천우희)가 둘도 없는 친구로서 선생 산월(장영남)의 총애와 동기들의 부러움을 받습니다. 당대 최고의 작곡가인 윤우(유연석)는 민중의 마음을 어루만지는 '조선의 마음'이라는 노래를 작곡하려 하고 윤우의 노래를 부르고 싶은 소율은 예인이 아닌 가수를 꿈꾸게 됩니다. 하지만 윤우는 우연히 듣게 된 연희의 목소리에 점차 빠져들게 되어, 소율과 연희는 윤우의 노래 '조선의 마음'을 차지하기 위해 서로 엇갈린 선택을 하게 됩니다. 결국 연희는 오랜 벗 소율을 저버리고 윤우의 마음을 얻어 연인이 되고 맙니다. 윤우를 어린 시절부터 짝사랑했던 소율은 질투에 눈이 멀어 일본 경무국장의 첩이 되어 권력을 이용해 연희를 죽게 합니다. 이처럼 질투는 많은 것을 뛰어 넘습니다. 잔인하기도 하고 애처롭기도 합니다. 질투의 감정은 힘든 노동이자, 갈구하는 감정입니다.

질투는 우리의 진짜 모습을 스스로에게 드러나게 합니다. 그리고 어떤 감정보다 많이 우리가 가진 공격성과 야망을 일깨워 줍니다.

정신분석학의 창시자인 프로이트는 이렇게 진료 기록을 썼다고 합니다.

"아내가 바람피운다고 생각하는 어떤 젊은이가 찾아왔다. 이 남자에게서 이상한 점을 발견했다. 그는 아내가 뭘 하는지 지켜보지도 않으면서 아내가 바람을 피운다고 한다. 그녀는 비난받을 이유가 없다. 그 불쌍한 여자는 남편한테 아무 이유 없이 의심을 받고 있다."

이 남자는 그저 아내가 다른 남자를 향해 미소 짓는 것만으로도 질투심을 느낀 것입니다. 그 질투의 감정이 아내가 바람을 피운다는 망상을 만들어낸 것입니다.

(TED Parul Sehgal: An ade to envy 내용을 재구성함)

지금까지 질투는 인류의 역사, 문화를 통해 부정적인 부분들만이 강조되어 왔습니다.

질투가 꼭 나쁜 것일까요? 저는 저 자신을 '질투의 화신'이라고 부릅니다. 물론 그 질투의 근원에는 트라우마가 존재하고, 트라우마는 모든 사람에게 정신적 고통을 안겨줍니다. 하지만 살아감에 있어 스스로에게 자극을 주고 동기를 부여하는 것 중 '질투'만큼 강력한 것은 없습니다.

이곳에는 20대의 생기가 가득합니다. 항공사 객실승무원이 되고자 하는 이들의 꿈이 담긴 장소입니다. 저는 객실승무원의 직업을 그만둔 이후 승무원이 되고자 하는 학생들을 양성하는 아카데미에서 강사로 일했습니다. 이곳 강사들은 대부분 전직 승무원 출신입니다. 그때 저에게는 친한 동료 두 명이 있었습니다. 우리 셋은 종종 강의가 끝난 후 맥주 한잔을 기울이며 우리의 미래, 학생들의 미래에 대해 이야기 나누곤 했습니다. 셋 다 30대의 싱글 여성이며 전직 승무원이라는 공통점이 있었습니다.

그러던 어느 날 우리 셋은 술을 한 잔하며 일상의 얘기를 나누게 됩니다. 제가 최근 소개팅을 했던 남성에 대해 이야기를 하게 되었습니다. '서로 호감이 있다고 느꼈는데 그 남자에게서 연락이 잘 안 온다'는 내용이었습니다. 두 동료가 제게 그 남자와 만났던 얘기를 해달라고 했습니다. 자연스럽게 그 남자의 직업이나 외모 그밖에 신상에 대해 이야기하게 되었습니다. 이야기를 듣던 한 동료가 갑자기 그 남자 이름을 물었습니다. 제가 이름을 말하자 동료가 갑자기 핸드폰을 꺼내 무엇인가 찾기 시작했습니다. 자신의 대학 후배와 주고받은 문자 메시지 내용을 제게 보여주었습니다. 그 내용은 대학 후배가 그녀에게 소개팅을 제안하는 내용이었고, 소개팅할 남자의 이름과 간단한 이력이 적혀 있었습니다. 소개팅을 하기로 한 남자가 바로 제가 한 달 전에 소개팅한 그 사람이었습니다. 너무나 큰 충격에 휩싸였습니다. 그 남자는 어떤 여자가 봐도 매력적인 사람이었습니다. 그래서 저는 이런 생각이 들었습니다. '만약 동료가 그 남자와 소개팅을 한다면 어쩌면 그녀도 그에게 호감을 가질 수 있다. 그리고 그 관계가 어떻게 발전할지 아무도 예상할 수 없다'였습니다. 정신을 가다듬고 저는 그녀에게 솔직하게 이렇게 이야기했습니다.

"선생님이 그 소개팅을 안 하겠다고 후배에게 얘기했으면 좋겠어요"

그 동료는 괜히 이런 문제로 서로 얽히는 것이 싫다고 소개팅을 취소하겠다고 했습니다.

그리고 얼마 지나지 않아 그가 저에게 정식으로 데이트 신청을 했습니다. 해외 출장을 다녀오느라 연락을 못해서 미안했다는 말도 전했습니다. 작은 선물을 내밀며 앞으로 사귀고 싶다는 제안을 했습니다. 저도 마음속으로 그에게 호감이 있었기 때문에 당연히 "Yes"라고 외쳤습니다. 우리는 자전거여행, 맛집 찾아다니기, 스키 타러 가기 등 다양한 레포츠를 즐기며 정말 데이트다운 데이트를 하면서 즐겁게 보냈습니다.

그러던 어느 날 저의 호기심이 발동해 그에게 물었습니다.

"자기는 나랑 사귀기 전에 소개팅 몇 번이나 해봤어?"

그는 스스럼없이 솔직하게 대답했습니다.

"한 2~3번 정도 했던 것 같은데……"

제가 그에게 물었습니다.

"혹시 그 소개팅했던 여자 중에 괜찮다고 느꼈던 여자 없어?"라고 묻자 센스 있는 그는 "당신이 제일 맘에 들었지. 그러니까 이렇게 사귀는 거 아니겠어?"라고 말했습니다.

하지만 나의 궁금증이 여기서 끝나지 않았습니다.

"혹시 그 여자들 중에 나처럼 전직 승무원은 없었어?"라고 묻자 그는 "글쎄, 잘 기억이 나지 않는데……"라고 했습니다. 거짓말을 하는 것 같지는 않았습니다. 그런데도 저의 의구심은 풀리지 않았습니다. 그래서 한 가지를 더 물었습니다.

"혹시 그 여자들 중에 키가 크고, 정 씨인 여자는 없었어?"라고 묻자 그의 눈빛이 흔들렸습니다. 그가 "왜 그런 거 물어?"라며 반문을 했습니다. 제가 대답하길 재촉하자 거짓말을 잘 못하는 그는 "어 있었어. 사실 몇 달 전에 소개팅했던 여자인데 정

씨였고 키가 컸어"

내가 바로 대답했습니다.

"그 여자, 내가 아는 사람이야"라고 하자 그는 놀라며 "어떻게 알아?" 하고 물었습니다.

"전 직장 동료였어. 그리고 좀 사건이 있었어"라고 말을 얼버무리자 넘어갔습니다.

그는 정말 모르고 있는 눈치였습니다. 그래서 일련의 사건들을 그에게 설명해 주었습니다. 그 이후 저는 어떤 감정을 느꼈을까요? 글쎄요. 제가 왜 질투의 감정을 잠시나마 느꼈는지 저 자신도 잘 이해되지 않습니다. 제 스스로 이해 안 되는 이 감정들에 대해 생각해본 적이 있습니다.

'만약 그녀와 내 현재의 남자친구가 소개팅에서 서로 호감을 가졌다면 어떻게 되었을까?'라는 상상이 저를 괴롭혔던 것입니다. 그녀에 대한 질투는 앞으로 관계가 어떻게 될지 모르는, 즉 남자친구가 될 가능성이 있는 그 사람과 소개팅을 했다는데서 시작된 것입니다. 사실 그때의 감정은 순간적인 것이기 때문에 중요하지 않습니다. 하지만 그 당시에는 매우 불쾌해 나 자신을 불안하게 만들었을 수도 있다고 봅니다. 그러나 지금은 오히려 그때의 그 기억이 재미있는 에피소드였다는 생각이 듭니다. 왜냐하면 저는 현재 그 남자와 결혼을 했고 이런 내용을 책에 적을 수 있기 때문입니다.

이 사건을 통해 질투의 감정이 나에게 어떤 영향을 미칠 수 있을까에 대해 생각해본 적이 있습니다. 질투는 어쩌면 자신을 발전하게 할 수도 있습니다.

사람들은 질투를 통해 스스로를 변화시킬 수도 있습니다. 어쩌면 질투를 느끼는 상대는 내가 뛰어넘고 싶은 상대일 수 있습니다. 그것을 뛰어넘으려면 노력을 해야 합니다. 목표를 더 명확하게 세워야 하고, 그 목표들을 달성했을 때 질투의 감정이 사라짐을 알 수 있습니다.

여러분도 한 번 생각해 보십시오. 질투를 느끼는 대상이 누구인가? 왜 질투를 느끼는가? 그렇다면 그 질투의 감정을 넘기 위해서 무엇을 할 수 있는가를 말입니다.

질투는 분명히 당신을 발전하게 할 것입니다. 당신의 감정을 성숙하게 할 것입니다.

또 하나 질투의 다른 얼굴은 '사랑의 척도'가 될 수 있습니다. 당신이 상대에게 갖는 깊은 사랑의 감정과 질투는 항상 짝이 되어 나타납니다. 이런 자연스러운 감정에 괴로워할 필요 없습니다. 자신이 사랑하는 남자에 대한 호감이 조금만 적었어도, 그 남자를 조금만 덜 사랑했어도 질투의 감정을 느끼지 않을 수 있습니다.

전 질투를 느끼는 당연한 감정을 있는 그래도 받아들이고 싶습니다. 여러분도 질투를 느끼는 자신의 모습을 사랑하시길 바랍니다. 그리고 당신의 파트너에게 이렇게 이야기하십시오. "질투하는 만큼 사랑의 감정도 큰 거야"라고 말입니다.

질투를 느끼는 친구에게 이렇게 말해주세요!

"질투라는 감정이 꼭 나쁜 것만은 아니야. 질투는 2가지 다른 면이 있는데 하나는 너보다 잘났다고 생각되는 상대에게 느끼는 감정이고, 또 다른 하나는 너가 좋아하는 이성이 다른 이성에게 눈길을 준다고 생각될 때 느끼는 감정이야. 첫 번째 감정은 너 자신이 발전하는데 좋은 영향을 줄 수 있고, 다른 하나는 너가 그 이성을 얼마나 사랑하는지에 대한 잣대가 될 수 있다는 것을 알면 좋을 것 같아.**"**

오랜 시간 좋은 관계를 유지하는
부부 사이의 비밀은 무엇일까?

아무리 좋은 관계라도 오랜 기간을 같이하면 서로에게 왜 시들해지는가에 대한 생각을 해보지 않을 수 없습니다. 반대로 왜 금지된 사랑은 에로틱한 것일까요?

좋은 부부 관계를 오랜 시간 유지하는 비밀은 분명히 성적인 욕망과 본질에 대한 것과 연관성이 있습니다. 저속한 표현이지만 '속궁합이 좋다'라고 합니다. 그래서 헤어질 수 없다고 말하거나 그래서 부부 사이가 좋은 것 같다고 말하는 사람을 본 적 있습니다.

지금 우리는 인간의 근원적 욕망에 기반을 둔 쾌락 추구와 관계 지속성을 위해 섹스 하는 시대에 살고 있습니다. 인간은 안정, 예측가능성, 의존, 신뢰, 영원성과 같은 가치에 대한 욕구를 끊임없이 가지게 됩니다. 특히 안전에 대한 욕구는 우리를

long-term relationship인 결혼으로 이끌게 합니다.

결혼에는 삶을 함께 하며 자녀를 양육하고 서로의 사회적 지위와 성공을 나누는 동료애도 있습니다. 배우자와 인생의 많은 것들을 나누며, 더 나아가 가장 친한 친구로 서로를 신뢰하는 사이가 되길 바라며 한편으로 뜨거운 연인 사이가 되기를 바랍니다. 하지만 불행히도 우리는 한 사람과 오랜 시간을 같이 하거나 섹스를 나누면 시들해지곤 합니다. 왜 그럴까요? 누군가 말한 대로 정말 사랑의 유통기한은 3년이기 때문이어서일까요? 아니면 사랑할 때 나온다는 옥시토신이라는 호르몬이 더 이상 작용하지 않기 때문일까요? 이것은 단순히 호르몬의 문제가 아닙니다.

사회심리학자인 에스터 페렐Esther Perel은 지난 몇 년간 20개국의 나라를 돌며 다양한 사람들에게 이런 질문을 했습니다.

"왜 다른 사람과의 섹스를 꿈꾸나요?"

"언제 당신의 배우자 또는 애인에게 가장 끌리나요?"

여기서 말하는 것은 단순히 성적으로 끌리는 것 이상으로 그 사람 존재 자체에 끌리는 것을 말합니다. 그녀는 그러한 질문을 통해 문화, 종교, 성별을 넘어서는 공통적인 해답을 찾게 되었습니다.

첫 번째, 자신의 배우자 또는 애인에게 가장 매력을 느낄 때는 멀리 떨어져 있을 때라고 답했습니다. 그리고 두 번째는 배우자나 애인이 무대에 서 있는 것을 볼 때, 취미활동에 빠져 있는 것을 볼 때, 열정적으로 좋아하는 일을 하는 것을 볼 때, 파티에서 다른 사람들이 나의 배우자나 애인에게 말을 걸 때라고 답을 했습니다. 근본적으로 그들이 빛나고 자신감 있는 모습에 전반적으로 가장 큰 흥분을 느낀다는 것입니다. 세 번째로 매력을 느낄 때는 파트너가 평소에 입지 않던 섹시한 드레스를 입었거나, 멋있게 양복을 차려 입었을 때라고 합니다. 즉 배우자나 애인의 새로운 모습을 보았을 때였습니다.

우리는 부부생활에 있어 섹스라는 단어를 빼놓고 생각해볼 수가 없습니다. 한국의 섹스리스가 전 세계 2위라는 놀라운 결과가 있습니다. 하지만 여기서 섹스리스는 단순히 숫자에 불과합니다. 꼭 주 몇 회 이상의 섹스를 한다고 해서 만족하는 성생활을 하는 것은 아니지만, 대체적으로 성관계의 횟수를 우리는 중요하게 생각합니다.

만족하지 못하는 성생활을 하는 커플들은 이렇게들 말하곤 합니다.

"나는 좀 더 자주 배우자와 섹스하기를 원해요. 하지만 상대방이 호응해 주지 않아요."

그러나 이 말 속에는 숨은 뜻이 있습니다.

우리는 좀 더 기분 좋은 섹스를 원하는 것이지 정말 횟수가 많은 것을 원하는 것은 아닙니다. 더 기분 좋은 섹스라 함은 '생기', '활력', '에너지' 등을 느끼게 해주는 것을 의미합니다.

오랫동안 좋은 관계를 유지하는 커플들의 비밀을 자세히 살펴보면 대부분 기분 좋은 섹스를 하고 있다는 사실을 예상해볼 수 있습니다. 물론 성적인 흥분이나 에로틱한 감정은 항상 변화됩니다. 여성의 경우 호르몬의 영향을 받아 배란기에 더 흥분을 느끼기도 합니다. 반대로 남성의 경우 바이오리듬의 영향을 받아 숙면을 취한 아침에 더 흥분을 느끼기도 합니다. 이런 성적 흥분은 개인의 차가 크며 그 시간대와 요일, 날짜는 매번 바뀔 수밖에 없습니다. 중요한 것은 나의 배우자 또는 애인과의 관계 속에서 어떻게 성적 흥분을 이끌어내느냐입니다. 왜냐하면 나에게 안정적 느낌을 주는 파트너야말로 나의 가장 좋은 섹스파트너이기 때문입니다. 그리고 성적인 부분에서 좋은 느낌을 주고 안 주고는 우연히 일어나는 사건이 아니라 서로의 노력에 의해 생겨나는 결과물이라는 것을 명심해야만 합니다. 더 좋은 섹스는 꼭 열정적일 필요도 없고, 빈번한 횟수일 필요도 없습니다. 당신 앞에 있는 배우자와 애인과의 섹스가 가장 좋은 섹스라는 생각을 지켜나가려는 노력이 필요하다는 것입니다. 결론적으로 오래된 관계를 잘 유지하는 방법은 자신의 생각 속에 최고의 섹스파트너가 바로 내 곁의 배우자 또는 애인이라는 것을 마음속에 새기는 일에서부터 시작될 것입니다.

(TED Esther Perel:

The secret to desire in a long-term relationship 내용을 재구성함)

더 나아가 현실적으로 섹스 말고도 오랫동안 좋은 관계를 지속하는 사람들에게는 어떤 비밀이 있을까요? 어떤 부분이 중요한 것일까요?

《남편 성격만 알아도 행복진다》라는 유명한 부부관계를 위한 지침서가 있습니다. 이 책의 저자는 부부입니다. 이백용 씨와 송지혜 씨로, MBTI라는 성격유형검사를 통해 부부관계도 이해하고 개선할 수 있다는 것을 이 책을 통해 보여주고 있습니다. 두 사람은 사랑의 결실을 맺어 주변 사람들의 축복을 받으며 결혼한 이상적인 커플이었다고 합니다. 하지만 결혼 후 얼마 지나지 않아 갈등을 겪게 되고 이혼까지 생각하는 사이가 되었다고 합니다. 문제를 풀기 위해 서로 머리를 맞대고 고민하던 그들은 여러 가지 사실들을 발견하게 됩니다.

많은 부부나 오래된 연인들이 성격차이라는 문제로 이별을 맞이하거나 이혼을 합니다. 사실은 성격이 아니라 서로에 대해 정확히 알지 못하는 것이 문제라는 것을 이 부부는 첫 번째로 깨닫게 됩니다.

제가 결혼하기 전 시누이(남편의 여동생)는 이런 말을 했습니다.

"자기 자신을 알고, 상대방을 아는 것이 가장 중요합니다."

시누이는 남편보다 나이가 어리지만 결혼생활을 일찍 시작하여 아이가 셋이나 있는 워킹맘입니다. 반면 저희 남편은 30대 후반의 독신남으로 남다른 창조적 사고를 하고, 자유로운 방랑

기질이 있는 사람이었습니다. 그런 사람과 결혼을 결심한 저를 보며 시누이가 걱정스러운 마음을 담아 한마디 했다는 것을 결혼하고서야 깨달았습니다. 제 남편은 나쁜 남자는 아닙니다. 하지만 쉬운 남자도 아닙니다. 어떤 여자와 결혼해도 아주 원만하게 결혼생활을 할 수 있는 그런 성향을 갖춘 남자는 더더욱 아닙니다. 저 또한 성격차이라는 이유로 남편과 피터지게 싸우는 신혼생활을 보냈습니다. 아이들이 태어난 후 그 갈등은 더욱 심해서 이혼을 심각하게 생각해 본 적이 있습니다. 그러나 인간은 관계 속에서 계속 살아가야 하며, 그 관계를 유지하기 위해 노력해야 한다는 것을 어느 순간 저 스스로 깨닫게 되었습니다. 제가 어린 시절 옆집 아주머니와 엄마가 나누는 대화를 우연히 들은 적이 있습니다.

"202호 남자나 302호 남자나 남자는 다 똑같지 뭐."

그러자 바로 수긍하는 저희 엄마의 모습이 떠올랐습니다. 그럼에도 불구하고 이 세상에 태어나서 가장 힘들다고 느꼈던 일은 바로 '결혼생활'이라고 말할 수 있습니다. 영원히 끝나지 않을 이 관계를 갈등을 최소화하며 끌고 나간다는 것이 얼마나 어려운 일인지는 결혼을 한 상태이거나, 결혼을 해본 경험이 있는 사람들은 누구나 공감하실 것입니다.

이 책의 저자인 이백용·송지혜 부부는 이상적인 커플처럼 보였습니다. 하지만 그들도 사랑하지 않는 것이 아닌데도 여전히 같이 사는 것이 너무 힘들었다고 토로합니다. 이혼 위기를 넘겨도 똑같은 문제로 갈등하고 부딪치며 살아가고 있다고 합니다. 그러다가 성격유형 검사인 MBTI를 알게 되어 완전히 서로 다른 기질로 인해 결혼생활이 그렇게 힘들었다는 것을 발견하게 되었다고 합니다. 그들은 MBTI를 통해 자신과 주변사람들이 어떤 기질인지 알게 되었고, 그들을 움직이게 하는 힘의 원천이 무엇인지 알게 되었다고 합니다. 또한 자신의 배우자가 어떤 상황에서 스트레스를 받으며, 그들이 어떤 것을 잘하고 못하는지 정확히 이해하게 되었습니다.

제가 가끔 남편에게 이런 말을 합니다. "나를 비즈니스 파트너라고 생각해봐. 그렇게 함부로 말 못할 걸"이라며 생각나는 대로 말하는 즉흥적인 성격의 그에게 핀잔을 주곤 합니다. 이백용·송지혜 부부도 서로가 가장 중요한 고객이라고 생각하며 대하는 노력을 한다고 합니다. 중요한 고객을 대상으로 자신의 비즈니스와 관계된 계약을 성사시키기 위해 노력하듯 상대방을 이해하고 설득한다면 갈등은 줄어들 것입니다.

스트레스 상황에서는 코르티솔이라는 호르몬이 분비되어 이성적 판단을 마비시키게 됩니다. 배우자와 사이가 좋지 않아 나쁜 감정 상태이거나, 외적인 스트레스 상황에 놓여 있다면 상대는 당신의 요구를 쉽게 들어주지 않을 것입니다. 그렇기 때문에 가능한 한 상대방이 편안함을 느끼는 환경을 조성해 주고, 대화를 나누어야 합니다. 또한 서로 간의 갈등 상황이 생겼을 때도 마찬가지입니다. 갈등을 피하고 싶고 그런 상황에서 도망치고 싶은 것은 누구나가 마찬가지입니다. 피하는 것만이 능사가 아니라 어떻게 그것을 해결할지 생각해야 합니다. 상대방이 갈등을 당장 풀어야 하는 성격인지, 아니면 후에 이야기를 나눠야 하는 성격인지를 파악하는 것이 중요합니다. 물론 한 사람이 일방적으로 상대에게 맞추거나 끌려 다닐 수는 없습니다. 하지만 오랜 시간을 같이 한 부부들에게는 눈에 보이지 않는 법칙이 생기기 시작합니다. 상대방의 상황과 기분을 고려하여 누가 먼저 맞춰줄지를 정하게 되는 것입니다. 이것은 어느 한 사람의 일방적인 희생이나 포기가 아니라 나머지 인생에서 갈등을 최소화하며 같이 살아가기 위함입니다.

결혼 이후의 사랑은 '의지가 담긴 선택'입니다. 배우자가 더 이상 사랑스럽게 느껴지지 않는다고 해서 바로 헤어질 수 없습니다. 배우자가 나를 더 이상 애정 어린 눈빛으로 바라보지 않는다고 해서 또한 바로 헤어짐을 결정할 수 없습니다. 우리는 이 관계를 오랫동안 지속해야 할 의무 속에 살아가고 있습니다. 그 의무는 누구에게나 힘듭니다. 조금은 쉬운 길을 가길 원하실 것입니다. 그 방법은 바로 상대방을 이해하려는 의지, 그리고 자신이 택한 사람이 바로 이 사람이었음을 잊지 않는 것입니다.

결혼생활이 힘들다고 느끼는 친구에게 이렇게 말해주세요!

"결혼은 서로 다른 사람이 만나 하나의 공통분모를 찾아 나아가는 과정이잖아. 상대방도 나 때문에 힘들 수 있다는 작은 공감과 이해가 우선 필요할 것 같아. 그리고 연애할 때는 단순한 이성에 대한 사랑의 감정이지만, 결혼은 의지가 담긴 선택이라는 것을 명심해야해."

피임이 주는
선물은 무엇일까?

미스터 콘돔Mr.Condom을 혹시 아시나요? 이런 낯 뜨거운 이름으로 불리는 사람이 과연 있을까 하는 의문이 우선 듭니다. 하지만 그는 실존하는 인물이며 그의 본명은 메차이 비라바이디야Mechai Viravaidya입니다. 사람들은 그의 본명을 기억하기보다는 주로 미스터 콘돔이라는 애칭으로 부릅니다.

그를 만나러 태국, 방콕으로 여행을 떠나보겠습니다.

방콕은 미식의 도시입니다. 세계 각국에서 전통 태국 음식점을 가기 위해 여행객들이 이곳을 찾는다고 해도 과언이 아닙니다. 전 얼마 전 방콕에 여행을 다녀왔습니다. 공항에서 나오자마자 느껴지는 것은 바로 '똠얌꿍'의 향신료 냄새와 뜨거운 바람이었습니다. 이 냄새는 태국음식을 좋아하는 저로서는 반갑고, 친근한 냄새입니다. 공항에서 호텔로 향하는 길 바깥에 펼쳐진

야경은 제게는 화려하기보다는 익숙했고, 친구가 기다리는 호텔에 도착할 때쯤에는 여행지에 도착한 뒤 느끼는 안도감이 밀려왔습니다. 호텔에서 일하는 친구는 오랜만에 가지는 휴가여서 먼저 방콕에 가서 저를 기다리고 있었습니다. 그녀가 미리 예약해 놓은 숙박 장소는 '르 메르디앙'이라는 호텔이었는데, 약 15년 전 제가 외국 항공사 승무원으로 일하던 시절 동료들과 맥주를 마시러 가본 유흥가 '팟퐁'이라는 곳에 위치하고 있습니다. 처음 팟퐁을 갔을 때 놀랐던 기억이 떠올랐습니다.

그곳은 여자들이 바에서 반라차림으로 춤을 추는 곳이었고, 관광객들은 술을 마시며 즐기는 듯 보였습니다. 그저 돈을 벌기 위해 춤추는 여자들의 모습이 가슴 아프게 느껴질 뿐이었습니다. 그런데 공교롭게도 즐거운 이번 여행의 숙소가 '팟퐁' 앞에 있다는 것이 아이러니하게 느껴졌습니다. 다음날 미식의 도시로의 여행답게 점심, 저녁 모두 태국의 유명한 맛집에서 식사를 했고, 시내에 나가 태국에서만 살 수 있는 기념품들을 쇼핑하고, 숙소로 돌아오는 길에 '팟퐁'의 스트립댄서들이 있는 골목을 우연히 지나게 되었습니다. 그때 한 가지 신기한 것을 발견하게 되는데요, 바로 약국이 골목 사이사이에 많이 있다는 것과, 그 약국들은 팟퐁의 술집 영업시간이 거의 끝나갈 때까지 문을 열어놓고 있다는 것입니다. 혹시 왜 그런지 눈치 채셨나요? 맞습니다. 유흥 골목이라 '성'을 사고파는 것이 당연하기 때문에 콘돔이 필요하고, 그 콘돔을 판매하기 위해 늦은 시간까지 문을 연다는 것입니다.

　　다시 이야기의 시작으로 돌아가 미스터 콘돔에 대해 알아보겠습니다.

　　그는 태국의 한 부유한 가정에서 태어나 호주에서 유학을 하고 태국으로 돌아가 정부의 관리가 됩니다. 그 당시 태국 정부는 경제발전을 이루고자 노력하고 있는 때였지만 그것이 뜻대로 진행되지 않아 골머리를 썩고 있었습니다. 각 가정의 경제 상황 또한 매우 불안하였고, 그들은 대체적으로 하루하루 끼니를 유지하는 것 이외의 생활밖에 할 수 없는 상황이었습니다. 또한 그 당시 태국의 한 가정 내 평균 자녀수는 7명이었고, 인구 증가율은 3.3%에 육박했습니다. 소득은 정체되어 있으나 부양해야할 가족의 수는 점점 늘어만 가는 현실이었습니다.

　　메차이(미스터 콘돔의 본명)는 이 점에 주목했습니다. 국민들이 가난의 굴레에서 벗어나기 위한 첫 번째 해결방법은 바로 산아제한이라고 확신했습니다. 그렇다고 개인의 사생활까지 침범하며 성생활을 금지할 수도 없으며, 낙태를 종용할 수도 없다는 것을 알고 있었습니다. 바로 그때 가장 실용적인 방법 하나가 떠올랐습니다. 가장 효과적인 피임수단인 콘돔 사용을 권장하는 것입니다. 하지만 콘돔에 대한 선입견을 바꾸는 것은 생각처럼 쉽게 되지 않았습니다. 그래서 그는 스스로가 콘돔의 아이콘이 되기로 마음을 먹게 됩니다.

성공한 사람에게는 항상 최고의 파트너가 존재하기 마련입니다. 미스터 콘돔도 예외는 아니었습니다. 그의 파트너는 바로 PDA~The Population and Community Development Association~였습니다. 그는 스스로 콘돔의 아이콘이 되기로 마음먹은 후 정부 관료직을 그만두고 바로 PDA를 설립하였습니다. 그와 생각을 같이 하는 많은 사람들이 PDA에 모여 본격적인 활동을 시작하게 됩니다.

미스터 콘돔은 두 가지에 주목합니다. 사람들이 콘돔을 쉽게 구하게 하는 것과 콘돔에 대한 선입견을 바꾸는 것입니다. 우선 그는 콘돔을 구매할 경제적 여력이 없는 빈곤층을 대상으로 콘돔 무료배포를 하고자 했습니다. 그러기 위해서는 자금이 필요했기 때문에 자금을 마련하기 위해 자신의 집 창고를 개조해 수익성 있는 레스토랑을 만듭니다. 그곳은 현재에도 매우 유명한 태국 음식점인 '캐비지 앤 콘돔'입니다. 이 기발한 아이디어는 성공적이었고, 이곳에서 생겨난 수익으로 그는 무료 콘돔을 배포하는 일을 성공적으로 하게 됩니다.

또한 태국사람들 대부분이 믿는 불교에서 그의 좋은 의도를 알아보고 도와주기 시작합니다. 승려들이 사찰을 찾는 이들에게 성수(종교적인 의식 때에 쓰이는 물)와 함께 콘돔을 전달하기 시작합니다. 더 이상 콘돔을 사용하는 것이 부끄러운 일이 아니라는 사회적 분위기가 생겨났습니다. 그는 태국 국민들을 대상으로 콘돔불기대회나 미스터 콘돔선발대회 같은 이벤트를 열어 사람들의 관심을 더욱 더 끌어 모았습니다. 이런 그의 노력은 헛되지 않았습니다. 1973년 태국의 한 가정당 평균 자녀수가 7명이었던 것이 2000년대에 들어서 1.5명으로 대폭 감소하게 됩니다. 콘돔 사용으로 자녀수가 줄어듦에 따라 가계부담이 줄어들었고, 가난의 굴레에서 벗어나게 되는 발판이 되었습니다.

얼마 지나지 않아서 전 세계적으로 에이즈가 급증하였고 태국에도 이 질병이 강타했습니다. 이번에도 그는 에이즈와 싸우기 위하여 또 다양한 노력을 합니다. 그러나 안타깝게도 정부는 지원을 거절하고 아무런 관심을 기울이지 않았습니다. 그는 정부기관이 도와줄 수 없다면 군대로 가서 도움을 요청해보자는 생각을 하게 됩니다. 우선 군대로 가서 300개의 무선국을 대여해달라고 요청했습니다. 에이즈 관련 통계 등을 무선장비를 이용해 방송하는 등 에이즈 퇴치 국민계몽운동을 꾸준히 해나갑니다. 얼마 지나지 않아 그의 이런 노력이 빛을 발하게 됩니다. 새로운 국가 수상이 선출되어 그에게 같이 일하자는 제안을 합니다. 그 후 그는 국제 에이즈 위원회의 의장이 되었고 정부는 관련 예산을 50배 늘렸습니다. 모든 정부각료와 판사들은 에이즈 교육에 참여해야만 했고 공공단체, 종교단체, 학교 등도 모두 참여하게 되었습니다. 또한 대학에서 시작한 에이즈 교육을 모든 학교로 확대했습니다. 여자 고등학생들을 선발하여 에이즈와 안전한 섹스에 관련한 교육을 시킨 후 그들에게 모든 가정에 에이즈 정보와 콘돔을 제공하는 일을 대신하게 하였습니다.

이런 캠페인에 참가하는 여고생들은 사람들에게 인기가 많았습니다. 그 여학생들을 마치 태국의 '테레사 수녀'처럼 흠모하기까지 합니다. 더 나아가 길에서 사람들에게 콘돔을 나누어 주는 캠페인도 합니다. 택시운전사를 통해서, 경찰관을 통해서 길거리의 사람들은 콘돔을 무료로 받게 됩니다. 너무나 손쉬우면서도 빠른 방법입니다.

그러던 중 그는 기발한 아이디어들을 내놓습니다. 특별한 콘돔들도 만들어 냅니다. 그중 기억에 남는 것은 콘돔에 '대량학살을 막는 무기'라고 적혀 있었던 것입니다. 사람들은 그 콘돔으로 많은 참사를 막아낼 수 있다고 믿게 됩니다.

또 무슨 일이 일어났을까요? 시간이 많이 흘러 태국 내 외국인들도 콘돔 사용에 동참했습니다. 유엔에 따르면 태국 내 에이즈의 새로운 발병이 90%까지 감소했고, 세계은행에 따르면 770만의 생명을 살렸다고 합니다. 이런 위대한 업적을 세운 그를 태국 사람들은 미스터 콘돔Mr. Condom이라고 부릅니다. 그는 그 이름이 자랑스럽다고 합니다.

(블로그 https://blog.naver.com/benefitmag/140161694310와
TED speaker Mechai Viravaidya: How Mr. Condom made Thailand a
better place for life and love의 내용을 재구성함)

과연 우리나라는 성교육 및 피임교육에 대해 어느 정도 수준일까요?

'구성애'라는 간호사 출신의 성교육자가 제일 먼저 떠오릅니다. 여전히 그녀는 성교육에 관련한 많은 강연과 사회활동을 하고 있습니다. 저도 그녀의 강연을 들어본 적이 있습니다. 그녀는 솔직하고 직설적인 표현으로 그동안 우리가 가지고 있던 성에 대한 잘못된 인식과 편견을 벗어나게 해준다는 점에서 박수를 보내고 싶습니다. 하지만 아직도 우리나라는 현실적인 피임방법에 대한 실천형 교육이 이루어지지 않고 있습니다. 우리나라 낙태율이 전 세계 1위입니다. 더욱이 임신중절수술이 불법화되고 나서 이것에 대한 정확한 집계도 어려운 상태입니다. 그렇다면 그러한 원인은 어디에 있을까요?

결혼 후 아이를 출산하고 나서 저는 아이를 더 이상 갖지 않겠다는 계획을 세웁니다. 친한 친구 중 한 명이 첫 아이를 출산한지 얼마 되지 않아 바로 또 임신을 하게 되었다는 이야기를 듣고 전 갑자기 긴장감에 휩싸입니다. 그래서 가족계획의 일환으로 콘돔을 구입해야겠다는 생각을 합니다. 그런데 이상하게도 마트에 갈 때마다 잊어버려 구입을 못하고는 '다음에 하지 뭐'라고 미룹니다. 전 원래 한 번 생각난 것을 미루는 성격이 아닌데도 말이죠. 그러던 어느 날 편의점에서 생수 한 병을 사러 들어갔다가 그동안 미루었던 콘돔을 사야겠다고 생각하고 바로 카운터 근처에 진열되어 있는 콘돔 하나를 집습니다. 계산대에 콘돔과 생수를 올려놓으니 이상하게 저도 모르게 얼굴이 빨개지는 것을 느꼈습니다. 계산하는 점원이 저를 쳐다보는 것만 같은 생각도 들었습니다. 계산하려고 뒤에 줄 서 있는 사람이 저에게 뭐라고 말하는 것 같은 환청도 느꼈습니다. 편의점에서 콘돔을 구입하며 느꼈던 감정은 '수치심'입니다. 저는 결혼한 여자, 아니 결혼한 여자가 아니더라고 법적으로 섹스가 가능한 성인 여자입니다. 피임할 권리가 있고, 콘돔을 살 권리도 있습니다. 그런데 왜 수치심을 느껴야만 하는 것일까요? 한동안 이 '콘돔 트라우마'에서 허우적댔습니다. '그 편의점 점원이 내 얼굴을 기억하는 것은 아니겠지?'부터 시작해서 '혹시 내가 아는 사람이 본 것은 아니겠지?', 더 나아가 '이걸 다 사용하면 다음번에는 어떻게 사러가지?', '남편한테 사오라고 할까?' 등 쓸데없는 고민들을 하루 종일 했던 때도 있었습니다.

저는 한 가지 결론을 내렸습니다. 이것은 '잘못된 성교육' 때문이라는 것입니다. 7080세대는 비교적 성에 대해 개방적이고, 혼전 성관계에 대해 자유로운 편이며, 이것을 토론의 주제로 삼기도 할 정도입니다. 하지만 저는 위의 경험을 통해 성의 본질, 아름다운 성관계를 위한 비상대책인 피임에 대해서는 무방비였다는 것을 느끼게 되었습니다. 제가 피임이라는 단어 자체도 왠지 부끄럽게 여겼다는 사실 자체가 좀 놀랍습니다.

저는 태국 미스터 콘돔Mr. Condom이 우리의 롤 모델이 되어야 한다고 생각합니다. 한국 사람들은 과연 어떤 방식으로 피임도구 사용법을 알려주거나, 전달받기를 좋아할까요? 저 또한 이것에 대해 고민해 보았습니다.

미스터 콘돔의 방식을 한국 정서에 대입시키면 아주 좋을 것 같다는 생각을 했습니다. 한국은 교육열이 높은 나라 중 하나입니다. 특히 교육의 질과 다양성, 교육기관에 대한 부모들의 관심은 엄청납니다. 피임도 교육의 일환이라는 생각을 심어주는 것에서부터 시작해야 합니다. '피임은 성관계를 부추기는 방법'이라는 인식에서 탈피하여 '피임은 안전한 도구를 준비해주는 방법'이라는 인식전환 교육이 필요합니다. 우리나라의 낙태율이 높다는 사실을 통해 피임에 대한 무지를 일깨우고 피임의 필요성을 알려 주어야 합니다. 이런 교육은 부모로부터 시작하여 자녀들에게까지 점진적으로 확산해야 합니다. 부모가 자녀에게 콘돔을 선물하는 것은 어떨까요?

청소년의 2차 성징이 일어나는 시기에 자녀에게 예쁘게 포장된 박스 안에 피임기구인 콘돔을 넣어 선물해 봅시다. 왠지 말로 설명하기 힘든 피임법을 손 편지로 적고, 피임기구를 선물로 준다면 아이는 부모를 신뢰할 수 있게 될 것입니다. 한국 사람들은 가족 중심문화이기 때문에 공공장소에서 나눠주는 콘돔을 받는 것보다 가족에게 선물 받는 것을 더 편하게 느끼리라고 확신합니다.

미래에 저의 자녀에게 콘돔을 선물하면서 줄 편지를 미리 써 보겠습니다.

사랑하는 나의 ○○아!

네가 발가락을 꼬물거리며 엄마젖을 먹던 갓난아기였을 때가 엊그

제 같은데 벌써 고등학생이 되었구나. 지금까지 너의 존재 자체가 나

에게는 행복이었고, 기쁨이란다.

그것에 대해 너무 감사해.

하지만 네가 아무리 너를 사랑한다고 해도, 너 자신보다 너를 더 사

랑할 수는 없단다. 너는 너 자신에게 너무나 소중하고, 특별한 사람이

란다. 그렇기 때문에 너는 언제나 너 자신을 지킬 수 있는 사람이 되

어야 해.

만약 이성친구가 생겨 사랑을 나누게 되면 너가 예상하지 못했던

일들이 생길 수도 있어.

그래서 내가 너에게 수호천사인 미스터 콘돔Mr. Condom을 보내 줄게.

미스터 콘돔Mr. Condom은 너를 지켜줄 거야.

엄마는 너가 사랑함에 있어서도 현명한 선택을 하는 사람이 될 것

이라고 믿어. 사랑해.

P.S 콘돔 사용법이 나온 책자를 넣어두었단다. 만약 잘 모르겠으면 엄

마에게 물어봐. 엄마랑 같이 연습해보자.

174

만약 이런 편지를 당신의 자녀가, 또는 당신이 받게 된다면 어떻게 할 것 같으세요?

저는 분명 미스터 콘돔_{Mr. Condom}과 함께하는 현명한 사랑을 할 것이라고 생각합니다.

★ 피임을 잘 실천하지 못하는 친구에게 이렇게 말해주세요!

"사랑하는 사람과 sex를 한다는 것은 아름다운 행위이지만, 그것에는 책임이 따르게 마련이잖아. 특히 피임법을 잘 알고 실천하는 것은 중요해. 너의 몸은 소중하기 때문이야. 예기치 못한 상황이 발생하지 않게 피임에 대한 계획과 실천이 필요하다고 생각해."

감정에 대한 치료가
왜 필요할까?

여러분은 혹시 쌍둥이를 보면 이렇게 말하시나요? "너희는 좋겠다"라든지 "너희는 뭐든지 같이할 수 있겠다"라는 말. 맞습니다. 실제로 쌍둥이를 기르고 있는 저의 입장에서는 이 말에 동의하며, 모두의 부러움을 받는다는 것을 인정하지 않을 수 없습니다.

여기에 쌍둥이 형제 때문에 심리학자가 된 한 사람이 있습니다.

그는 가이 윈치 Guy Winch라는 사람입니다. 그는 일란성 쌍둥이 형이 있고, 어린 시절 항상 형의 쿠키가 자신의 것보다 더 커보였다고 합니다. 왠지 모르게 엄마가 자신을 편애한다고 생각했습니다. 실제로 옆에 쿠키를 잔뜩 쌓아놓고도 말이죠.

그가 9년간 대학에서 석박사 과정을 밟아 심리학 박사가 되었는데도 사람들은 그의 명함을 보고 "아, 심리학자… 그런데 정신건강의학과 의사는 아니군요"라고 말해 그는 또 감정적인 편애를 경험했다고 합니다.

최근 그는 저녁 늦은 시간에 친구 집을 방문하게 되었습니다. 친구의 다섯 살 된 아들은 잠자리에 들 준비를 하고 있었습니다. 아이는 욕실 세면대에서 발판에 올라가 양치질을 하고 있었는데 미끄러져 다리 한 부분이 발판에 긁혔습니다. 몇십 초간 울먹이던 아이는 다시 일어서서 발판 위에 올라가 세면대 선반에서 반창고를 꺼내는 것을 보았습니다. 자신의 신발 끈도 제대로 묶을 수 없는 이 아이가 상처에는 반창고를 붙여야 한다는 사실을 잘 알고 있다는 것에 놀랐습니다. 그리고 자기 전에 양치질을 해서 이가 썩지 않도록 해야 한다는 사실 또한 알고 있었죠.

우리는 최소 세 살, 네 살, 다섯 살 때부터 신체를 건강하게 유지하는 방법을 알고 있고, 화장실에 다녀와 손을 씻는 등의 위생관념에 대해서도 알고 있습니다. 하지만 감정이나, 심리적인 부분은 어떨까요? 우리의 마음을 돌보거나 상처받은 가슴을 낫게 하는 방법에 대해서는 가르침을 받지 못했고, 실제 어른들도 그 방법을 잘 알지 못합니다. 그럼 신체적 건강이 심리적 건강보다 우리에게 더 중요해서 그런 것일까요?

우리는 살아가면서 신체적 부상보다 심리적 부상을 대체적으로 더 잘 견딥니다. 실패, 거절, 외로움 같은 심리적 부상 말입니다. 대개의 경우 친구, 직장동료, 배우자가 "기분이 우울하다"라고 하면 "그래? 그것은 다 너의 생각의 일부분이야. 털어버려"라고 말하고는 지나칩니다. 다리골절 부상을 당한 사람에게도 이렇게 말하는 것을 상상할 수 있을까요? "그냥 걸어 다니다 보면 나아질 거야. 다친 부분도 네 다리의 일부분이야"라면서요.

여기서 우리는 신체적 건강과 심리적 건강의 격차를 인식할 필요가 있다는 것을 눈치 챌 수 있습니다. 앞에서 언급했듯이 윈치Winch에게는 쌍둥이 형이 있습니다. 그 둘은 공교롭게도 모두 심리학자입니다. 하지만 같은 학교에서 공부하지는 않았습니다. 윈치는 심리학 박사를 따기 위해 뉴욕으로 이사하여 처음으로 형과 떨어져 지내게 되었습니다. 그의 형은 가족, 친구들과 남게 되었지만 둘이 서로를 많이 그리워해 간간히 전화통화를 했습니다. 그 당시에는 무료 인터넷폰이 없어 국제전화 통화료가 굉장히 비쌌기 때문에 평소에는 5분도 채 통화를 하지 못했습니다. 그러다 그들의 생일날이 되었습니다. 처음으로 생일을 같이 보낼 수 없게 되자 생일날에는 통화를 오래하기로 마음을 먹었습니다. 그는 생일날 형의 전화를 기다렸습니다. 시차를 보며 대충 몇 시에 전화할 것이라고 예상하며 기다리고 또 기다렸습니다. 하지만 그의 형은 전화를 하지 않았습니다. 그리고 그는 깨달았습니다. 10개월 넘게 떨어져 지내는 동안 그가 형을 그리워하는 만큼 형은 그를 그리워하지는 않는다는 사실을요. 그날 밤이 그에게는 인생에서 가장 슬프고 길었던 밤이었습니다.

그의 생일날 밤이 왜 그토록 길었을까요? 그때의 감정을 한 마디로 표현할 수 없었겠지만 아마도 외로움 때문이었을 것입니다. 외로움은 심리적으로 깊은 상처를 만듭니다. 우리의 지각을 왜곡시키고 생각을 엉망으로 만듭니다. 상대방이 실제로 나를 신경 쓰는 것보다 더 적게 신경 쓴다고 믿게 만들기도 합니다. 또한 누군가에게 다가가는 것을 두렵게 만들기도 합니다. 그러나 외로움은 아주 주관적인 감정으로 규정됩니다. 이것은 주위 사람들로부터 감정적 또는 사회적으로 차단되어 있도록 생각하게 만듭니다. 외로움에 대한 연구는 소름끼칠 정도로 많습니다. 왜 그럴까요? 그만큼 보편적 감정, 즉 누구나가 느끼는 감정이라는 뜻입니다.

외로움은 자신을 비참하게 만들 뿐만 아니라 죽일 수도 있습니다. 농담이 아닙니다. 농담처럼 "외로워 죽겠어"라는 말을 사용하는 것만 봐도 알 수 있습니다. 외로움은 고혈압과 콜레스테롤 수치를 높이며, 면역체계의 기능을 억제시킵니다. 독신자들이 더 일찍 죽고, 우울증에 걸리기 쉽다는 이야기를 들어본 적이 있을 겁니다. 그렇기 때문에 우리는 심리적, 정서적 안정감의 상태를 수시로 점검해야 합니다. 자신의 심리적 상처를 모른다면 치료할 수가 없기 때문입니다.

20년이라는 지루하고 불행했던 결혼생활을 끝낸 한 여자가 있습니다. 그녀는 홀가분한 마음으로 새로운 사람과의 데이트를 꿈꿉니다. 그녀는 이혼 후 첫 데이트를 할 마음의 준비가 되어 온라인 채팅으로 한 남자를 만났습니다. 그는 착하고 자상하며, 스마트해 보입니다.

더 중요한 것은 그가 그녀에게 빠져있다는 것입니다. 그들이 뉴욕 중심에 있는 분위기 좋은 바에서 칵테일을 마시고 있는 모습이 보입니다. 그녀는 새로 산 드레스를 입고, 살짝 흔들리는 크리스털 귀걸이를 하고 그에게 미소를 보내고 있습니다. 데이트를 시작한지 20여 분이 지나자 남자가 갑자기 일어나서 말하길 "이제 흥미가 떨어졌는걸" 하고 자리를 박차고 나가버렸습니다. 여자에게 거절은 극도의 고통을 수반합니다. 여자는 마음의 상처가 너무 깊어 움직일 수조차 없다고 느낍니다. 그녀가 만약 친구에게 전화를 걸어 오늘 일어난 일에 대해 이야기를 한다면 친구가 이렇게 말할까요? "글쎄, 넌 뭘 기대했니? 너는 가슴도 작고, 말재주도 없고, 섹시하지도 않은데 그렇게 잘생기고 자상한 남자가 너 같은 여자와 왜 데이트를 하겠어?"라고요? 하지만 친구는 정반대로 말해줄 것입니다. 친구의 위로에도 불구하고 여전히 그 여자의 마음속에서 부정적인 생각이 떠나지 않을 것입니다. 우리는 누군가에게 거절을 당했을 때 우리의 잘못과 단점들을 모두 생각해내기 시작합니다. 그리고 스스로에게 욕을 하고 있는 모습을 발견하게 됩니다. 거절을 통해 자존감이 바닥으로 추락하고 상처받았는데 왜 더 아프게 할까요? 만약 팔에 상처가 낫다면 그 상처를 칼로 더 후벼 파지는 않을 텐데 말이죠.

우리는 심리적 상처에 늘 그렇게 대해 왔습니다. 왜냐하면 우리의 심리적 건강을 우선순위에 두지 않았기 때문입니다. 수 많은 연구 결과에서 자존감이 낮을수록 스트레스와 불안감에 더 취약하며 실패와 걱정에 더 아파하고 회복하는데 더 오래 걸 린다고 합니다. 감정적 고통을 겪고 있을 때, 스스로를 위로하 며 연민을 가지고 감정을 대해야 합니다.

(TED spekaer Guy Winch:

Why we all need to practice emotional first aid의 내용을 각색, 재구성함)

정신건강의학과 의사 박용철의 《감정연습》이라는 책은 감정 에 대한 저의 무지를 깨우쳐 주었습니다. 흔히 '내 맘대로 되지 가 않아'라는 말을 내뱉습니다. 그런데 내 마음대로 되지 않는 이유에 대해서 심각하게 고민해본 적은 있으신가요? 저조차도 그 이유에 대해서 생각하기보다는 지극히 긍정적인 사고로 '이것 도 다 지나가리라' 하면서 시간이 가기만을 기다렸습니다.

마음을 지배하는 것에는 4가지 요소가 있다고 합니다. 생각, 감정, 신체상태, 행동의 요소들이 서로 영향을 주고받습니다.

이 요소들이 서로에게 영향을 주는 이유는 단순합니다. 우 리가 이 요소들 간의 균형을 유지하려고 노력하기 때문입니다. 만약 당신이 누군가를 살인하는 생각을 했다고 가정을 해봅시 다. 그렇다면 두렵거나, 무섭거나, 답답하거나 또는 사이코패스의 경우 즐겁다는 감정을 느낄 것입니다. 부정적 감정은 심박수가 빨라지고 땀이 나는 신체상태로 나타나며, 그 생각들을 떨쳐버리기 위한 행동을 취하게 될 것입니다. 이 요소들은 모두 유기적인 관계로서 우리의 마음상태에 영향을 미칩니다.

이중에서 감정의 상태를 위생적으로 유지하게 위해 어떤 것을 할 수 있을지 생각해보도록 합시다. 우울증에 걸린 사람들의 대표적인 행동패턴은 움직이기 싫고, 밖에 나가서 누군가를 만나는 것이 꺼려진다는 것입니다. 우울이라는 감정이 그 사람의 행동을 지배하기 때문입니다. 그렇기 때문에 감정의 상태를 편안하고 깨끗하게 유지하기 위해서는 우선적으로 행동의 변화가 필요합니다. '웃으면 기쁜 일이 생긴다'처럼 행동으로 웃는 모습을 취하는 사람에게는 감정에도 긍정적인 변화를 가져옵니다.

독일의 심리학자 프리츠 스트랙_{Fritz Stack}은 재미있는 실험을 했습니다. '정말 미소를 지으면 기분이 좋아진다'라는 가설을 입증하기 위한 실험입니다. 실험방법은 간단합니다.

연필을 입에 물게 합니다. 입으로 문 연필 끝은 앞으로 향하게 합니다. 그렇게 해서 한 그룹은 입술을 오므리고 있게 했고, 다른 한 그룹은 입술이 서로 닿지 않게 했습니다. 입술이 서로 닿지 않게 하려면 입을 벌려야 하는데, 연필을 물고 있으므로 의도하지 않게 저절로 미소가 지어졌습니다. 그 상태에서 두 그룹 모두 만화책을 읽게 했습니다. 그리고 나서 만화가 얼마나 재미있었냐고 물었는데 자신도 모르게 미소를 짓고 있던 그룹의 사람들이 훨씬 더 재미있게 느꼈다는 것을 알게 되었습니다. 정말 놀랍지 않나요? (감정연습 내용 중에서) 저는 실제로 이 실험을 스스로에게 해보고 싶을 정도입니다.

그렇다면 좀 더 쉽게 행동으로 감정을 바꾸는 방법에 대해 생각해 보겠습니다. 행동에는 자신이 하는 말과 보디랭귀지도 포함됩니다. 제가 항상 버릇처럼 하는 말이 있습니다. "말하는 대로 된다" 즉 긍정적인 말은 긍정적 감정 상태를 불러 일으켜 업무나 생활의 생산성과 효율성을 높여 좀 더 나은 결과를 도출하게 해줍니다. 어떤 일을 시작하기 전에 하나의 의식처럼 이렇게 말해 봅시다. "이 일은 정말 재미있을 거야", "이 일은 내가 하고 싶어서 하는 일이야"라고 말입니다. 그렇게 하고 나서 일을 시작하면 그 일에 대한 흥미가 당연히 높아지고, 긍정적 행동의 결과로 긍정적 감정이 생겨 일의 어려움도 덜하게 될 것입니다.

신호등 앞에 서있는 사람의 모습을 관찰해 봅시다. 한 사람은 팔짱을 끼고 있고, 한 사람은 팔을 내리고 손바닥이 보이게 서있습니다. 길을 묻고자 한다면 당신은 어떤 사람에게 묻겠습니까? 전 당연히 팔을 내리고 있는 사람에게 물을 것입니다. 이제 눈치 채셨나요? 팔짱을 끼고 있는 사람은 뭔가 숨기고 싶거나, 위협적이거나, 폐쇄적인 보디랭귀지의 표본입니다. 그렇기 때문에 그 사람은 낯선 사람이 길을 물었을 때 자발적으로 친절하게 설명해줄 가능성이 낮습니다. 이런 사소한 보디랭귀지 하나에서도 당신의 감정, 또는 현재의 상태를 나타내 줍니다. 대학에서 이미지메이킹이나 서비스 매너 관련한 과목을 강의할 때 제가 제일 먼저 하는 말이 "이제부터 신호등 앞에서 팔짱 끼고 서 있지 마세요"입니다. 당신의 감정상태를 긍정적으로 유지하기 위해 상대방에게 긍정적 이미지를 심어주기 위한 보디랭귀지가 왜 중요한지에 대한 이해를 꼭 해야 합니다.

★ 감정적으로 힘든 것을 겪고 있는 친구에게 이렇게 말해주세요!

"감정이란 날씨와 같아. 오늘은 흐릴 수도 있고, 내일은 비가 올 수도 있지만 내일모레는 해가 반짝일 수 있어. 중요한 것은 너 스스로가 긍정적 감정을 행동으로 이끌어 내는 것이지. 웃음 짓는 표정 하나만으로도 너의 기분을 좋게 바꿀 수 있다는 사실, 너의 보디랭귀지 하나가 너의 현재 느낌을 바꿔줄 수 있다는 것을 알게 되면 좋겠다."

PART 3

인생의 확고한 콘셉트는
행복의 지름길

행복의 기준과
본질은 무엇일까?

당신은 아침에 눈을 뜨면 힘겨운 잠과의 사투를 벌이십니까? 만약 오늘 해야 할 일을 생각할 때 활기가 넘치고 주어진 상황에 대해 감사하는 모습이라면 당신은 인생을 낭비하고 있지 않은 것입니다.

하루를 보내며 삶의 기쁨을 여러 번 느끼는 경험을 하신 적이 있으신가요? 그것이 마치 불가능한 것처럼 느껴지신다고요? 지금 저는 당신에게 삶의 기쁨에 이르는 강력한 방법에 대해 이야기해 드리려고 합니다. 준비되셨나요?

삶에 있어서 행복의 기준점으로 삼는 것들은 대부분 가족, 직업, 자녀와 관련되어 있습니다. 좀 더 자세하게 말한다면 현명하고 다정한 배우자, 똑똑하고 귀여운 자녀, 직업을 통해 얻은 높은 연봉 등이 될 수 있겠죠? 하지만 지금 우리가 생각하는 이것들은 가질 수도 있고, 한순간에 사라질 수도 있는 것들입니다.

행복의 기준에 대해 본격적으로 이야기하기에 앞서 이렇게 해보라고 권하고 싶은 것이 있습니다. 행복하기 위해서 뭔가를 소유하는 것이 아니라 행복이 자신 안에 있다는 것에 대해 가슴 깊이 생각해 보는 것입니다. 그러면 이렇게 반문하실 수 있습니다. "행복이 내 안에 있다면 나는 왜 행복하지 않은 거죠? 내 인생이 왜 이 모양이죠?"라고요. 그것에 대한 답은 아주 간단합니다. 여러분은 평생 동안 행복해지는 방법을 잘 배우지 못하고 쉽게 불행해지는 법을 먼저 배웠기 때문입니다. 사람들은 생각 속에 자신을 가둡니다.

어떤 사람들을 우리는 '멘탈갑'이라고 칭합니다. 그들은 자신의 생각이 확고하며 남의 의견에 흔들리지 않습니다. 그들의 공통점을 살펴보면 그 생각의 본질이 긍정성에 있으며 절대 남과 자신을 비교하지 않는다는 것을 알 수 있습니다. 또한 자신의 생각에는 어떤 조건이 따라 붙지 않고, 그 생각 자체를 스스로 존중한다는 것을 알 수 있습니다. 그러나 일반적으로 우리는 그렇지 못합니다. 자신의 생각을 지키기 위해 더 나아가 행복해지기 위해서 항상 앞에 전제 조건이 붙습니다.

가령 돈이 많아야 여행을 갈 수 있다. 그래야 행복하다는 식입니다. 또는 돈이 많아야 예쁜 여자를 사귈 수 있다. 그래야 행복하다와 같은 것들입니다.

현재의 당신이 생각하는 행복의 기준과 10년 전의 기준은 분명이 다를 것입니다. 하지만 행복의 본질 안에서 우리는 공통점을 찾을 수 있습니다. 그것은 항상 '이렇게만 된다면 나는 행복할 거야'라는 전제조건이 붙는다는 것입니다.

여러분이 현재 제주도에 살고 있다고 가정합니다. 집 현관문을 열고 나가면 바로 볼 수 있는 노을 지는 하늘, 우연히 발견한 무지개, 바닷가의 시원한 바람을 바로 상상할 수 있습니다. 근데 그런 상상만으로도 금방 우리는 기분이 좋아집니다. 그 이유는 그 순간을 있는 그대로 받아들였기 때문입니다. '저 무지개는 예쁘긴 한데, 오른쪽으로 좀 기울어진 것 같아. 약간 왼쪽으로 150m만 옮겨 오면 좋겠어'라고 생각하지 않죠. 우리는 자연을 그대로 받아들이는 그 순간 내재된 행복이 드러나고 나 스스로가 행복감에 휩싸인다는 사실을 몰랐던 것입니다. 오랜 시간이 흘렀지만 자연의 아름다운 순간들을 기억하고 있는 것으로 보아 여러분은 행복감을 느꼈다는 뜻입니다.

문제가 있는 삶이라 하더라도 사실은 모두가 완벽한 삶입니다. 그것을 우리가 받아들이지 않아서 문제입니다. 오히려 바꾸려는 온갖 노력을 합니다. 여러분이 어떤 조건을 갖추면 행복해질 거야 하는 것 자체가 오류라는 것을 깨닫지 못했기 때문입니다. 여러분에게 그 오류에서 벗어나는 법을 알려드리겠습니다. 적어도 그 오류를 극복하는 첫걸음을 뗄 수 있도록 해드리겠습니다.

우리는 살면서 모두 무엇인가를 성취하고 싶어 합니다. 우리는 존재하며 동시에 무엇인가를 소유하고 싶어 합니다. 그런데 알다시피 행동은 대부분 통제 가능합니다. 물론 행동에 대한 결과는 통제 범위 밖에 있다는 사실도 다 아실 겁니다. 목표를 세우고 추진할 때 어떤 목표를 달성하지 못하거나 어떤 때는 정반대의 결과를 얻을 때도 있습니다. 저의 지인이 "그동안 와이프한테 소홀했던 거 같아. 이제 좀 잘하려고……"라고 말했습니다. 그래서 다음 출장 때 큰 맘 먹고 명품지갑을 선물했습니다. 이렇게 애정을 표시하면 결과가 좋을 거라고 생각했기 때문에요. 선물을 줬더니 그 사람의 와이프가 "20년을 같이 살면서 내가 좋아하는 색도 몰라요?"라고 답을 했답니다. 게다가 "갑자기 왜 선물을 사주죠? 당신 나한테 뭐 잘못한 거 있어요?"라고 반문했다고 하네요. 다들 이런 비슷한 경험이 있지 않나요? 예상했던 것과 정반대의 결과를 가져오는 상황 말입니다.

만약 여러분들 중 자녀가 있는 분들이 있다면 아이가 걸음마를 배울 때 어땠는지 기억을 떠올려 보시길 바랍니다. 전 쌍둥이 딸들이 첫걸음을 내딛던 그 순간을 아직도 생생하게 기억하고 있습니다. 돌 갓 지난 아이가 일어서서 어른들이 걷는 것을 보고 걸으려고 일어섰다가 넘어져서 울기도 하고, 금세 울음을 그치고 다시 일어서려고 했던 사랑스러운 순간을 정말 잊을 수가 없습니다. 시간이 지나면서 쌍둥이들은 서로 손을 잡고 일어나서 발걸음을 떼어 넘어지지 않고 한 걸음 한 걸음 더 내딛었습니다. 그 순간을 놓치기 싫었던 저는 핸드폰에 영상으로 저장해 놓기도 했습니다. 그때 아이들은 성취감에 미소를 띠고 있었습니다. 만약 여기서 아이들이 넘어질 때마다 마음속으로 "세상에나 나 또 실패했어. 나는 걸음마를 배우지 못할 거야"라고 생각한다면 그 아이가 걸음마를 배우는데 어느 정도 시간이 걸리게 될까요? 아마도 1년이 지나도 걸음마를 제대로 배우지 못하게 될 것입니다. 그런데 안타깝게도 이런 생각들을 하면서 살아가는 것이 우리 어른들의 모습입니다.

(TED Srikumar Rao: Plug into your jard-wired hapiness 내용을 재구성함)

아마존 베스트셀러 1위에 올랐던 책《행복은 혼자 오지 않는다》의 첫 장을 보면 "웃음으로 생긴 눈가의 주름을 자랑스러워하세요"라고 쓰여 있습니다. 이 의미를 되짚어 보면 웃음으로 생긴 불쾌한 결과보다 웃음으로 채워왔던 인생의 과정을 즐겨야만 한다는 뜻이자 현상을 있는 그대로 받아들여야 한다는 것입니다. 어쩌면 이 말이 행복의 진정한 의미를 함축적으로 설명하고 있는 것이 아닌가 하는 생각을 했습니다.

2010년 번역서로 출간된 이 책을 저는 10년 넘게 소장하며 10회 이상 정독했습니다. 이 책은 그만큼 저에게 인생의 가이드라인 같은 책입니다. 이 책의 내용 중 가장 기억에 남는 것은 '당신이 결코 알고 싶어 하지 않지만 이미 알고 있는 행복의 일곱 가지 진실' 부분입니다.

"사람들은 불행을 원한다"

　우울증 환자들은 증상이 호전되면 오히려 불안해합니다. 이 것은 인간이 고통을 당하지 않으면 더 고통스러워하는 피학증적 인 부분을 가지고 있기 때문입니다. 우리는 이것들을 통제할 수 있습니다. 삶의 과정을 즐기고, 어떤 목표나 결과에 집착하는 것을 버려간다면 행복의 순간순간을 맞이할 수 있다고 믿어야 합니다. 더 나은 지금을 즐기셔야 합니다. 더 나아지면 행복해 질 거라는 생각은 '투덜이 스머프'가 되는 것과 매한가지입니다.

"우리는 행복해지기 위해 이 땅에 태어나지 않았다"

　진화의 목표는 언제나 살아남는 것이었습니다. 행복의 순간 들은 우리로 하여금 생존기회를 더 높이기 위해 노력하도록 만 듭니다. 마냥 그저 가만히 있는데 행복해지는 사람은 없습니다. 무엇인가를 이루어나가는 과정 속에서 행복을 느낄 수 있게 되 는 것입니다. 우리는 먹고 난 후 배부름보다 맛있는 음식이 우 리 앞에 놓였을 때의 환희와, 먹는 과정 속에서 맛을 느끼는 것 을 통해 행복을 느껴야 합니다. 섹스를 하고 났을 때의 릴렉스 보다 섹스하기 전의 흥분과 섹스 중의 파트너와의 호흡에서 즐 거움을 느껴 행복해져야 합니다.

"동메달을 노려라"

올림픽 메달 시상의 순간, 은메달리스트와 동메달리스트 중 누가 더 행복한지 혹시 아십니까? 여러분이 제목을 통해 예상하듯이 동메달리스트입니다. 적어도 행복의 관점에서 보면 그렇습니다. 우리를 행복하거나 불행하게 만드는 것은 결과에 대한 평가입니다. 여기서 중요한 것은 자신의 비교 대상이 누구냐에 달려 있습니다. 은메달리스트는 금메달리스트와 비교하면 아주 속상합니다. 하지만 동메달리스트는 메달 순위에 들지 못한 4위를 생각하면 행복합니다. 결국 행복은 자신이 만들어낸 프레임 속에 있다는 것입니다. 우리는 제대로 된 '행복모델'을 만들 필요성이 있습니다.

▶ 행복모델 만들기 프로젝트

Step1.   최근 몇 개월 동안 행복했다고 느꼈던 순간을 노트에 적어봅니다. 그 순간들을 구구체적인 문장으로 작성합니다.

Step2.   나열된 순서에 따라 생각나는 느낌과 연관 단어를 적어봅니다.

Step3.   각 나열된 단어들을 조합하여 문장을 만듭니다. '나는 이럴 때 행복해요'라는 문장을 완성해 봅니다. 더 많은 행복이 쌓여 감을 느끼게 됩니다.

행복모델의 예를 보여드리겠습니다.

▶ 나의 행복모델

Step1. 화장실에서 똥이 잘 나왔을 때 행복했다 ▸▸ Step2. 똥, 화장실, 시원함, 생리적 욕구, 자유 ▸▸ Step3. 나는 화장실에서 볼일을 잘 볼 때 행복해요 / 나는 생리적 욕구를 아무 때나 내가 원할 때 해소할 수 있다는 사실이 행복해요.

Step1. 좋아하는 친구와 멋진 레스토랑에서 식사해서 행복했다 ▸▸ Step2. 핫플레이스, 맛난 음식, 분위기, 친구 ▸▸ Step3. 나는 좋아하는 핫플레이스에 간 경험이 행복해요 / 나는 맛난 음식을 즐길 수 있는 내 미각 때문에 행복해요 / 나는 좋아하는 사람들과 분위기를 느낄 수 있다는 것이 행복해요.

Step1. 운동을 새로 시작해서 행복했다 ▸▸ Step2. 필록싱(필라테스+요가+복싱), 땀 흘리기, 뱃살 ▸▸ Step3. 나는 필록싱이라는 새로운 운동을 배우게 되어서 행복해요/ 나는 운동하면서 땀을 흘릴 수 있어서 행복해요 / 나는 뱃살이 출렁이니 내 모습이 귀엽다고 느껴져서 행복해요.

Step1. 후두염이 호전되고 있어 행복했다 ▸▸ Step2. 병, 가려먹어야 할 음식들, 병원 ▸▸ Step3. 나는 후두염이라는 병이 재발했지만 예전보다 덜 아파 행복해요 / 나는 후두염 때문에 커피, 술, 매운 음식을 피하라는 이야기를 들었지만 몰래 커피 한잔을 마셔 행복해요 / 나는 병원 갈 힘과 돈이 있어 행복해요.

Step1. TED를 시청할 수 있어 행복했다 ▸▸ Step2. 새로운 지식, 시간, 통찰력 ▸▸ Step3. 나는 TED를 시청하여 새로운 지식들을 얻게 되어 행복해요 / 나는 TED를 시청할 시간을 낼 수 있어 행복해요 / 나는 TED를 통해 인생에 대한 통찰력이 발전할 수 있게 되어 행복해요.

 행복을 찾고 싶어 하는 친구에게 이렇게 말해주세요!

"행복은 결국 자신 안에 있다는 근본적인 이해가 필요해. 어떤 누구로 인해서도 행복해질 수 없고, 어떤 물질로도 행복해질 수는 없어. 너가 생각하는 행복의 틀을 구상하고 그 안을 어떻게 채워나가야 하는지를 찾아보도록 해. 가장 중요한 것은 너 스스로만이 너의 행복을 채울 수 있다는 것이야."

스트레스를 피하기 위해
평소 우리는 어떻게 해야 할까?

    30대의 한 가장이자 사회에서 중간관리자의 위치에서 일하고 있는 한 남자가 있습니다. 그는 내일 해외출장을 가야만 합니다. 회사에서 중요하게 생각하는 계약 건이 달려 있는 출장입니다. 그가 직접 바이어를 만나러 가서 프레젠테이션을 해야 합니다. 밤늦게까지 프레젠테이션을 준비하다가 잠시 머리를 식히기 위해 담배를 들고 집 뒤뜰로 나갔습니다. 그날은 날씨가 굉장히 추웠고, 길은 얼어 있었습니다. 담배 한 모금을 빨며 긴장을 풀고 생각을 재정비하고 있었습니다. 그런지 채 5분도 되지 않아 한기를 느껴 집으로 들어가려고 현관을 열려고 하는데 문이 열리지 않는 것을 알게 되었습니다. 문이 안에서 잠겨 버렸습니다. 현관의 열쇠를 집 안에 놓고 나온 그는 문을 소리 내어 두들겨 보았습니다. 하지만 이미 깊이 잠든 아내는 기적이 없었습니다. 집 안에는 아무도 자신의 소리를 듣고 나와 줄 사람이 없다는 것을 그는 잘 압니다. 열쇠수리공을 부르기에는 너무 늦은 시간이었는데 일단 바깥 날씨가 너무 추워 집으로 빨리 들어가고 싶다는 생각만 들 뿐이었습니다. 선택의 여지가 없었기 때문에 커다란 돌 하나를 길에서 주워 와서 주방 뒤 창문을 부순 다음 유리조각을 옆으로 치우고 안으로 들어갔습니다. 별일 아닌 것처럼 보이지만 그에게는 순간적으로 엄청난 스트레스를 불러일으키는 상황이었다는 것을 여러분도 쉽게 알 수 있습니다.

다음날 그는 해외출장을 위해 차를 몰고 공항에 도착했습니다. 탑승수속을 하려고 갔는데 그때서야 여권을 안 갖고 간 것을 깨달았습니다. 다시 차를 몰고 집으로 돌아간 뒤 여권을 가지고 공항으로 가야만 했습니다. 결국 제 시간에 비행기를 탈 수 없었고 어쩔 수 없이 다음 편 비행기를 타야만 했습니다. 그는 비행기 안에서 어제 오늘 자신에게 일어났던 일들을 생각하기 시작했습니다. '나에게 나쁜 일이 일어나기 전에 방지할 수 있지 않을까?' 아니면 '적어도 나쁜 일이 일어났을 때 그것이 더 큰 나쁜 일로 이어지는 확률을 최소화할 방법은 없을까?'라는 고민을 시작했습니다. 하지만 이것에 대한 해답은 쉽게 얻을 수가 없었습니다. 그러던 어느 날 우연히 동료와 식사를 하다가 현관 키를 가지고 나가지 않아서 창문을 부수고 들어간 이야기를 하게 되었습니다. 그러자 동료가 그에게 "소 잃기 전에 외양간

고쳐야 돼"라는 말을 했습니다. 처음에 그 뜻이 잘·이해가 되지 않았지만 실생활에서 그것에 대한 해답을 쉽게 찾을 수 있었습니다.

자동차 키에 대한 예를 들어 보겠습니다. 만약 여러분이 자동차 키를 어디에 두었는지 잘 잊어버린다고 가정을 해봅시다. 그렇다면 그 해결책은 생각보다 간단합니다. 집안의 특정한 장소를 정해서 키를 거는 고리를 달고 항상 그 고리에만 자동차 키를 걸어두는 것입니다.

너무 당연하고 상식적인 이야기처럼 들리지만 이것은 과학적으로 증명된 사실입니다. 뇌에 있는 해마라는 조직은 사물의 위치를 계속해서 추적하도록 구조화되어 있기 때문입니다. 또한 실생활에서 쉽게 사용할 수 있는 여러 가지 방법 중 핸드폰으로 신용카드, 운전면허증, 여권을 찍은 뒤 이메일로 전송해 놓고 계정에 저장해 놓을 수 있습니다. 이런 단순하고 평범한 행동이 작지만 크게 느껴지는 스트레스에 노출되지 않도록 도와주는 역할을 할 것입니다.

저의 쌍둥이 딸이 태어난 지 얼마 안 돼서 아이 둘을 데리고 병원을 가게 되었습니다. 이사한지 얼마 되지 않아 처음으로 가는 곳이었습니다. 병원 접수창구에 가자마자 간호사는 저에게 아이들의 이름과 주민등록번호를 적어달라고 했습니다. 그 순간 저의 머릿속은 하얘졌습니다. 아이들의 생년월일은 기억하지만 주민등록번호 전체는 기억나질 않았기 때문입니다. 이런 일이 있은 후 저는 핸드폰에 아이들 이름과 주민등록번호를 저장해 놓았습니다.

뇌는 스트레스를 받으면 코르티솔이라는 호르몬을 분비합니다. 이 호르몬은 맥박과 호흡이 증가하게 하며 아울러 근육긴장, 감각기관의 예민함을 일으킨다고 합니다. 더 나아가서는 식욕을 증가시키고 지방을 축적하게 만듭니다. 그래서 사람들이 스트레스 받아서 살쪘다는 말을 들을 때 전 언제나 수긍을 합니다.

우리는 모두 실수를 미리 방지하거나 작은 일이 큰 스트레스로 이어지는 것을 막기 위한 미연의 방지책을 준비해야 합니다. 작은 준비가 큰 손실을 막는 아주 중요한 역할을 할 수 있다는 사실도 명심해야 합니다.

(TED Daniel Levitin:

How to stay calm when you know you'll be stressed 내용을 재구성함)

이와 같이 스트레스와 관련한 중요한 사실을 알게 되었다면 일상 속에서 스트레스를 날리기 위한 방법들도 생각해 볼 수 있습니다.

우선 스트레스stress의 정의를 한번 살펴보겠습니다. 스트레스라는 용어가 처음 학문적으로 사용되기 시작한 곳은 물리학/공학 분야로 라틴어인 stringer(팽팽히 죄다: 긴장)로부터 시작되었습니다. 미국의 생리학자 캐논Canon이 스트레스를 받았을 때 생존 수단으로 투쟁–도피 반응$_{\text{fight-flight response}}$을 보인다는 것과 생리적 균형$_{\text{homeostasis}}$을 회복하려 한다는 점을 발표함으로써 스트레스 개념을 개략적으로 의학계에 처음 소개하였습니다.*

우리나라 사람들이 자주 사용하는 외래어 중 1위가 스트레스$_{\text{stress}}$였다는 보도가 있었습니다. 이처럼 스트레스라는 말을 입에 달고 사는 것이 현대를 살아가는 대부분의 사람들의 모습일 수 있습니다. 하지만 친숙하게 사용하던 스트레스라는 말을 정의하려면 쉽지가 않습니다.

스트레스의 반대말은 릴렉스$_{\text{relax}}$일 것입니다. 릴렉스는 온전히 몸과 마음이 느슨하고 평온한 상태를 의미합니다. 《릴렉스, 내게 필요한 완전한 휴식》이라는 책의 내용을 살펴보면 우리가 일상 속에서 아주 쉽게 스트레스를 다스리는 방법이 나옵니다. 그중 아주 특별한 방법들을 여러분에게 소개해 드리고자 합니다.

⑴ 푸른색 거품을 마음속으로 떠올려 봅시다. 그 거품이 점차 커져 당신을 보호한다고 상상해봅시다. 당신을 둘러싼 이 푸른색 막 덕분에 주변 사람들이 당신의 활력을 빼앗아 가지 못할 것입니다. 특히 많은 사람들 속에서 스

* 출처: [네이버 지식백과] 스트레스[stress] (국가건강정보포털 의학정보)

트레스 받을 때 이 방법을 이용하면 효과적입니다.

⑵ 7·11 호흡을 해봅시다. 이 호흡은 스트레스로 인해 흥분되고 격해진 마음을 다잡을 때 하면 효과적입니다. 7초 동안 천천히 숨을 들이마시고 나서 똑같은 방법으로 11초간 숨을 내쉽니다. 초시계를 보면서 이 호흡에 집중하다보면 긴장감이 서서히 줄어들게 될 것입니다.

⑶ 돌을 놓고 꽉 쥐어봅시다. 할 수 있는 한 힘껏 돌을 쥐세요. 그러다가 천천히 주먹을 폅니다. 그리고 돌을 부드럽게 흔들어도 봅니다. 이 과정을 되풀이 하면 감정이 누그러질 것입니다.

⑷ 스트레스를 풍선에 담아 날려봅시다. 풍선을 불어 문고리나 나무기둥에 매달아 놓습니다. 당신의 온갖 걱정거리를 그 풍선 안에 집에 넣는다고 상상해봅니다. 그 다음 그 풍선의 매듭을 풀어 밖으로 나가 하늘로 날려 버립니다. 풍선이 하늘 높이 치솟는 모습을 지켜봅시다. 풍선들이 구름 속으로 사라져 갈수록 당신의 걱정거리도 저 멀리 날아갈 것입니다.

⑸ 손목에 찬물을 떨어뜨려봅시다. 심하게 화가 나거나 폭발할 것 같은 분노를 느낄 때 이방법이 효과적입니다. 손목에 찬물을 떨어뜨려 차게 하면 몸 전체가 상쾌해집니다. 몸 곳곳에 혈액을 흘려보내는 큰 혈관인 동맥이 피부와 가장 가까이 맞닿아 있는 곳이 손목이기 때문입니

다. 얼굴 전체를 찬물로 씻거나 귓불에 찬물을 떨어트리면 더욱 효과가 배가 될 것입니다.

 스트레스를 잘 받는 친구에게 이렇게 말해주세요!

"스트레스가 우리에게 주는 가장 나쁜 영향은 집중력 저하와 올바른 판단을 하지 못하게 방해하는 것이라고 생각해. 우리는 사회생활하면서 스트레스를 받지 않는 환경에 살 수가 없잖아. 그래서 스트레스를 푸는 너만의 방법을 찾는 것도 중요하지만, 스트레스를 받게 된 상황에서는 중요한 결정은 미루고 이성적 판단을 하는 것이 필요하다는 것을 알았으면 좋겠어."

스마트폰 중독이라고 느껴지는데
어떻게 해야 할까?

　　사람들은 회사 회의 중에 문자나 이메일을 보냅니다. 수업시간, 발표시간, 거의 모든 회의 중에 문자를 하거나 쇼핑하러 온라인 쇼핑몰을 서핑합니다. 또는 페이스북, 인스타그램에 들어가서 친구의 근황을 확인하거나 새로운 온라인 친구를 만들기도 합니다. 사람들은 문자 메시지를 보내는 중에도 상대방의 눈을 쳐다볼 수 있는 새로운 기술에 대해서 말하곤 합니다. 이런 기술은 어렵지만 여러 번 시도하다 보면 누구나 할 수 있는 아주 쉬운 기술입니다. 마치 수업시간에 눈뜨고 자는 것처럼 말입니다.

　　아이들이 아침식사나 저녁식사 중에 자신들의 이야기를 들어주지 않는다고 불평을 합니다. 그 와중에도 부모는 문자나 이메일을 보냅니다. 이렇게 불평했던 아이들도 사람들 간의 대화에 집중하지 않습니다. 우리는 장례식에서조차도 스마트폰을 만지작거리며 문자를 보내거나 타인의 SNS를 살펴보곤 합니다.

그럼 그런 행동이 왜 문제가 될까요? 이것은 분명 문제가 됩니다. 왜냐하면 우리 스스로를 곤경에 처하게 만들기 때문입니다. 그런 곤경은 서로서로에 영향을 주고 있습니다. 또한 이것은 우리 스스로가 자기반성할 수 있는 능력과 연관되어 있는 것들입니다.

사람들은 지금 함께 외로워지는 새로운 방법에 익숙해져가고 있습니다. 사람들은 함께하기를 바라고 어디에서나 함께 있기를 바랍니다. 서로 다른 장소에서도 연결되어 있기를 바랍니다. 사람들은 각자의 삶을 바꾸기를 원합니다. 그래서 회의에 참석하기를 원하더라도 흥미 있는 사안에만 집중을 하게 됩니다. 어떤 분들은 그런 게 좋다고 생각합니다. 하지만 우리가 항상 페북친구(페이스북친구)나 인친처럼(인스타그램 친구) 온라인으로 연결되었을지라도 자신을 상대방으로부터 숨기게 만드는 결과를 초래합니다.

50세의 한 사업가가 직장에서 더 이상 동료가 없다고 한탄을 하였습니다. 그분은 직장에서 누군가에게 말하려고 멈추거나, 전화하지 않는다고 합니다. 동료들을 방해하고 싶지 않다고 말하더군요. 왜냐하면 직장 동료들이 이메일을 보느라 정신없기 때문이랍니다. 그는 스스로 자제하면서 이렇게 말하더군요.

"사실은 저도 방해 받고 싶지 않은 사람 중에 한 명이니까요.

제 휴대폰으로 뭔가를 하는 게 나을 것 같다는 생각을 합니다."

인간관계란 무궁무진하고 복잡합니다. 그리고 힘든 일입니다. 우리는 기술로 지저분하거나 어려운 부분들을 채워 버립니다. 연인 사이에 헤어짐을 통보할 때, 친구에게 돈을 빌리고 싶을 때 또는 주변사람에게 뭔가 어려운 것을 부탁해야 할 때 우리는 휴대폰 문자로 통보하거나 의향을 묻습니다. 그리고 시간이 흐르면서 그 사실을 잊어버리거나 신경 쓰지 않는 경우도 종종 있습니다.

흔히 "전화보다 그냥 문자가 편해요"라고 말합니다. 그리고 실제로 만나서 대화를 나누기보다는 아예 어떤 사람들은 문자로 안부를 묻거나 SNS 상태메시지로 그 사람의 근황을 파악하기만 합니다. 더 나아가서 그렇게 복잡하고 깊은 인간관계가 필요 없다고까지 생각합니다. 많은 사람들이 이런 말을 서슴없이 합니다. "아이폰(내장된 음성인식 프로그램인)의 시리$_{Siri}$가 언젠가는 제일 친한 친구가 될 수 있을 거예요"라고요.

(TED Sherry Turkle: Connected, but alone?의 내용을 각색, 재구성함)

몇 년 전 인기리에 방영되었던 드라마 '혼술남녀'에 이런 사람이 등장합니다. 노량진 공시학원의 국어강사 박하나(박하선)는 무슨 일이 있을 때마다 휴대폰의 음성인식을 이용하여 스스로를 위로하곤 합니다. 그리고 이런 자신의 모습을 원수 같은 동료에서 남자친구가 된 진정석(하석진)에게 들키자 친구에게 하소연하는 것보다 이게 덜 외롭다며 씁쓸한 미소를 짓습니다. 이것은 시대상을 반영하는 단적인 모습입니다. 그러나 많은 것을 생각하게 만듭니다.

주머니 속의 휴대폰이 우리의 마음과 정신을 바꾸고 있습니다. 이런 기기들은 우리에게 세 가지의 환상을 만들어주기 때문입니다. 하나는 우리의 관심을 어디라도 가져다줄 수 있습니다. 두 번째는 항상 우리말을 들어줄 것입니다. 세 번째는 결코 혼자가 아닌 것처럼 느껴지게 만들어줍니다.

그러나 이러한 생각이 우리의 정신을 병들게 하고 있습니다. 사람들은 잠시라도 외롭다고 느끼면 짜증나고, 혼란스럽고, 안절부절 못하기 때문에 이런 스마트 기기들을 만지게 됩니다. 하지만 이런 행동은 불안감을 잠시 잠재울 뿐이지 중요한 문제를 해결하지는 못합니다. 지금 우리는 생각의 전환점을 가져야 할 시점에 서있습니다. 잠시나마의 외로움을 달래거나 불안감을 없앨 방법으로 스마트폰을 사용해서는 안 된다는 생각을 가지셔야 합니다.

스마트폰 중독에서 벗어나기 위한 근본적인 발상의 전환 방법에 대해 생각해봅시다.

외로움의 시간을 즐겨봅시다. 혼자 있을 때 찾아오는 고독감을 긍정적으로 생각해 보십시오. 혼자만의 공간을 만들고, 혼자 있는 시간을 의도적으로 만들어서 즐기는 것입니다. 그 장소가 화장실이어도 좋고, 차 안이어도 좋습니다. 아주 많은 시간을 할애할 필요도 없습니다. 우연히 찾아온 외로운 감정이 아니라 스스로가 즐기기 위한 감정이라면 누구든 그 감정을 통해 오히려 삶의 활력을 찾게 될 것입니다.

인간관계의 연관성을 재정립해 봅시다. 우리가 서로를 만나 시간을 보내는 이유는 서로에게 가치 있는 사람이기 때문입니다. 시간은 흘러갑니다. 내가 사랑하는 사람과 있는 시간을 그냥 흘려보낼 것인가? 우리는 누군가와 있을 때만큼은 손에서 휴대폰을 놓아야 합니다. 우리가 지금 맺고 있는 인간관계는 인생에서 중요한 한 부분이기 때문입니다. 그 소중함을 잊은 채 스마트폰의 세상 속에서 허우적거린다면 당신이 진짜 수렁에 빠져 허우적거릴 때 아무도 손 내밀어 주지 않을 것입니다.

아날로그적인 유희를 즐겨봅시다. 스마트폰에 빠지게 되는 이유는 즉각적이고 자극적이기 때문입니다. 우리는 느리지만, 여유롭고, 음미할 수 있는 유희가 주변에 얼마든지 있다는 사실들을 자꾸 망각해 가고 있습니다. 스마트폰으로 향해 있는 고개를 들어 하늘을 바라봅시다. 동네의 도서관을 가봅시다. 길가에 핀 꽃을 바라보세요. 그리고 거울에 비친 자신의 얼굴을 보십시오. 바로 느낄 수 있을 것입니다. 스마트폰을 보며 일그러져 있던 표정 근육이 살아나 환하고 아름다운 표정 근육으로 바뀌는 것을 발견하게 될 것입니다.

 스마트폰 중독에 빠진 것 같은 친구에게 이렇게 말해주세요!

"요즘 스몸비Smombie라는 신조어가 생겨난 거 아니? 스마트폰smart phone과 좀비zombie의 합성어로 스마트폰을 사용하며 길을 걷는 사람을 일컫는 말이야. 난 너가 이런 사람이 되는 모습을 지켜볼 수가 없어. 너 스스로 스마트폰 사용에 대한 시간과 장소의 제약을 컨트롤해 나갔으면 좋겠어.**"**

성공의 진정한
의미는 무엇일까?

현대 사회는 어느 때보다 물질적으로 풍요로운 삶을 우리에게 제공할 수 있도록 다양한 분야가 발전해 있습니다. 또한 정신적 충족을 채우기 위한 문화, 예술 분야도 접하기 쉬우며 관련 분야의 전공자뿐만 아니라 일반인들도 누리기 쉽습니다.

그러나 한편으로는 과거 어느 때보다 직업과 직장에 대한 불안감이 커진 시대에 살고 있습니다. 평생직장이라는 말이 사라졌고, 고소득층이라 생각하는 직업에 대한 장벽도 없어진 지 오래입니다. 그렇다면 우리는 왜 이런 직업에 관련한 불안함을 계속 느끼는 것일까요?

그것은 바로 우리가 가지는 물질에 대한 관념 때문입니다. 좀 더 쉽게 말하면 속물근성 때문입니다. 속물근성이라는 것은 어떤 사람이 가진 물질적 양과 질에 대해 나 자신도 모르게 평가내리고 그것이 그 사람의 전부인 냥 치부하게 되는 것을 말합니다. 특히 오늘날 어떤 직업을 가졌느냐에 대한 것은 한 사람에 대한 평가의 기준이 됩니다. 만약 여러분이 새로운 모임에 가게 되었다고 가정을 해보겠습니다. 처음 만난 사람들 이야기의 시작은 이름을 묻고 직업이 무엇인지 묻는 것에서 시작됩니다. 이 질문에 어떤 답을 할 수 있느냐가 사람들이 당신에게 호감을 더 보일지 아닐지에 대한 기준이 되기도 합니다.

당신이 어떤 이성에게 관심을 가지고 있다고 가정을 하면 그 사람에게 얼마만큼의 시간을 투자하고 얼마나 집중하는지가 그 애정의 잣대가 될 수 있습니다. 그런데 예전에는 그 사람이 좋아하는 취미나 음식, 외모 같은 것이 관심의 기준이 되었다면 현대사회에서는 그것보다는 경제적 수준을 예상케 하는 직업이 기준이 되고 있습니다.

또한 물질적인 부의 축척에도 많은 관심을 가집니다. 다 아시다시피 우리는 아주 물질 중심의 시대 속에 살고 있습니다. 단순히 돈을 가지고 싶어 하는 것이 아니라 그 돈을 통해 얻을 수 있는 것과 누릴 수 있는 것에 관심을 가진다는 뜻입니다. 중세 시대 같은 신분제도나 인도에 여전히 존재하는 카스트 제도 따위에는 더 이상 신경 쓰지 않습니다. 기본적으로 어느 정도의 경제적 수준과 그에 따른 윤택한 삶을 누리느냐가 사람들에게 중요할 뿐입니다.

오늘날 빌게이츠만큼 또는 삼성의 이건희 회장만큼 부자가 되고 유명해지는 것은, 17세기 프랑스에서 귀족이 되는 것만큼 어려운 일입니다. 하지만 중요한 것은 그렇게 느껴지지 않는다는 것입니다. 이런 기대감의 결과는 서점에서 아주 쉽게 확인할 수 있습니다. 대형서점의 자기계발서 코너에 가보십시오. 요즘 나오는 자기계발서들을 찬찬히 살펴보면 기본적으로 크게 두 가지로 나눌 수 있습니다. 하나는 '당신은 할 수 있습니다. 뭐든 가능합니다.'라는 내용이 주가 되는 것이고, 다른 하나는 '자존감을 높이는 방법과 낮은 자존감에 대처하는 방법'에 대한 것들입니다. 사람들에게 무엇이든지 할 수 있다고 말하는 사회와 낮은 자존감 사이에는 상관관계가 있습니다. 이것은 우리 사회가 성과주의를 지향하도록 만들어졌다는 것을 의미합니다. 성과주의 사회에서는 재능과 열정, 능력을 갖춘 사람이라면 위로 올라갈 수 있으며, 아무도 그것을 막지 않습니다. 문제는 우리가 위로 올라가기 위해서는 아주 부정적인 부분도 피할 수 없다는 것입니다. 즉 내가 올라갈 때 나대신 밑바닥으로 가게 되는 사람들이 생겨난다는 뜻입니다. 이런 현상들은 삶의 위치나 사회적 위치는 우연이 아니라 각자가 자초한 마땅한 결과라는 사고를 갖게 합니다.

여기서 중요한 것은 사람을 성급하게 판단하지 말라는 것입니다. 누구든 다른 사람의 진정한 가치를 모두 알 수 없을 테니까요. 아직 당신이 알지 못하는 부분을 다른 사람들이 가지고 있기에 우리가 그것을 다 아는 양 행동해서는 안 됩니다. 인생에서 실패하는 경우나 실패하는 것을 두려워하는 이유는 단지 소득과 지위를 잃어서가 아닙니다. 두려운 것은 다른 사람들의 판단과 비웃음 때문입니다.

성공에 관해서 재미있는 사실은 우리가 그 의미를 본능적으로 알고 있다는 것입니다. 만일 여러분의 이웃 중 누군가가 아주 크게 성공한 사람이 있다고 가정을 해봅시다. 그 사람이 돈을 매우 많이 벌었다고 생각할 수도 있으며, 어떤 부분에서는 명성을 얻었다고 생각할 수도 있습니다.

중세 영국에서는 아주 가난한 사람을 만나면 '불운한' 사람이라고 표현했습니다. 오늘날 미국에서는 빈민층의 사람들을 만나면 '실패자'라고 표현합니다. 불운한 사람과 실패자라는 단어는 누가 봐도 명확한 차이가 느껴집니다. 불운하다는 의미는 삶이 마치 신의 뜻에 따라 정해진다는 의미를 내포하지만 실패자라는 말은 자기 스스로가 삶에 대한 책임을 져야한다는 뜻입니다.

역사철학서인 《신국론》에서는 인간의 가치가 물질적 탐욕이나 명예 같은 성공과 연관된 것이 아니라 진리를 따르고 윤리적인 삶을 사는 것에 있다는 것을 강조하고 있습니다. 중세시대부터 내려오는 가치와 철학이 어쩌면 현 시대에 더욱 필요한 것이라고 감히 말하고 싶습니다. 더 나아가 중요한 것은 한 사람이 가진 사회적 성공의 조건으로 성급하게 판단하지 말라는 것입니다.

　모든 사람이 모든 분야에서 다 성공할 수는 없고 물질적 풍요를 누릴 수 없습니다. 성공에 대한 집착이 강하고 물질적 욕구가 강한 사람은 무언가 대가를 치러야만 합니다. 성공에 가까이 가는 만큼 대신해서 잃어버리게 되는 것 또한 많을 수 있다는 것을 명심해야 합니다.

　대부분의 경우 우리가 성공적인 삶을 산다고 말할 때 그건 본인의 생각이 아니라 실상은 주로 주변 사람들의 평가로부터 기인합니다. 또한 미디어매체, 마케팅 같은 것이 우리의 시각에 강력한 영향을 미칩니다. 한국사회에서는 '공무원은 괜찮은 직업이야'라는 인식이 팽배하자 공무원시험 준비학원이 발 디딜 틈이 없습니다. 실제로 여러분 주변에서 공무원이 되기 위해 시험을 준비하거나 공무원이 되는 방법에 대해 알아보는 친구 한둘쯤은 알고 있을 것입니다. 하지만 누구나 공무원이 되었다고 성공한 삶은 산다고 말할 수 없습니다.

　진정한 성공의 의미는 자신이 생각하는 성공의 의미와 부합되어야 합니다. 이것이 가장 중요한 사실입니다. 성공에 대한 자신만의 기준을 세우고 그 생각에 집중해야 합니다. 본인의 생각을 확고히 하고 성공이라는 집을 스스로 설계할 수 있어야 합니다. 왜냐하면 자기가 원하는 성공을 이루지 못하면 평생 다른 사람들이 말하는 성공의 잣대에 맞추기 위해 괴로워하며 살아야 하기 때문입니다.

(TED Alian de Botton: Akinder, gentler philosophy of success)

일본의 인재개발 컨설턴트인 아이하라 다카오는 성공하는 사람들의 공통점에 관한 연구를 합니다. 그것에 대한 결과물로 《왜 성공하는 사람만 성공하는 걸까?》라는 책을 통해 성공의 비밀을 공유합니다. 사람들은 종종 이런 한탄을 합니다. "나는 왜 이렇게 되는 일이 없는 거지?"라고요. 이런 상황에서는 잠시 멈춰 서서 주위를 둘러보는 것이 우선되어야 한다고 다카오 씨는 말합니다. 모든 일들은 맞물려 돌아갑니다. 악순환의 고리에 일단 들어서기 시작하면 빠져나오기가 쉽지 않습니다. 반대로 하는 일마다 잘 풀리는 사람들은 선순환 고리 안에 있습니다. 이들은 성공이라는 목표에 더 쉽게 다가갑니다. 사람들은 악순환과 선순환 사이를 오가며 인생의 성취와 목적달성에 힘을 씁니다. 그렇다면 성공하는 사람들은 어떤 고리 안에 들어 있을까요? 그 답은 당연히 선순환의 고리 안에 있다는 것입니다. 선순환의 고리 안에서 계속성은 유지되며, 그 상태를 더욱 오래 유지할 수 있게 됩니다. 그렇다면 성공하는 사람들은 선순환의 기점이 되는 행동을 어떻게 알고 있을까요? 그것은 바로 선순환의 법칙을 이해하고 있기 때문입니다. 성공하는 사람들은 다음의 5가지 법칙을 실천하고 습관화한다고 합니다. (《왜 성공하는 사람만 성공할까(아이하라 다카오)》의 내용 중에서)

"실패를 훈련한다"

동계스포츠계의 스타 빙신水神 '김동성' 선수는 현재 다양한 사람들에게 강의를 하고 있습니다. 자신의 실패 경험과 역경을 이겨낸 이야기를 진솔하게 쏟아냅니다. 그는 2002년 미국 솔트레이크시티에서 열린 동계 올림픽에서 유력한 우승 후보로 꼽혔으나 남자 1,000m 준결승에서 골인 직전에 넘어지는 바람에 결승에 오르지 못했습니다. 또한 남자 1,500m 결승에서는 1위로 들어오고도 아폴로 안톤 오노의 반칙연기로 인해 논란의 여지가 있는 실격을 당하는 불운을 겪었습니다. 그러나 곧이어 벌어진 세계 쇼트트랙 선수권 대회에서 전 종목을 휩쓸며 종합 우승을 차지해 명예를 회복했습니다.

운동선수들에게는 공통점이 있습니다. 실패와 성공을 반복한다는 것입니다. 스포츠의 특성 자체가 누군가에게는 승리를, 누군가에게는 패배를 안겨준다는 아이러니한 면이 있습니다. 하지만 성공과 실패를 모두 경험한 사람은 실패를 두려워하지 않습니다.

성장하기 위해서는 자기 이해가 필요합니다. 현재의 나와 이상 속의 나는 다릅니다. 그 차이를 인지하고 그 차이를 메워나가야만 성공할 수 있습니다. 실패는 바로 자기 이해를 위한 가장 좋은 기회입니다. 실패를 기회로 삼아, 스스로의 상태를 점검하는 시간을 가질 필요성이 있습니다. 실패를 통해 우리는 분명 더 단단히 훈련될 것이라는 것을 믿어야 합니다.

"작은 행동을 계속한다"

성공하는 사람들은 실패하더라도 멈추지 않고 끊임없이 시도합니다. '흐르는 물이 맑다'라는 말이 있습니다. 물이 흐르지 않는다면 이끼가 끼고 썩는 것이 당연한 이치입니다. 물이 흘러 계속 움직인다면 작은 시냇가의 물도 언젠가는 바닷가에 닿아 있게 될 것입니다.

당신이 지금 명동 한복판에 서있다고 가정해봅시다. 계속 가만히 서있다 보면 지나가는 사람들에게 부딪힐 것입니다. 무방비 상태에서 부딪혔기 때문에 아마 넘어지거나, 부딪혀 충격을 크게 느낄지도 모릅니다. 반대로 당신은 명동 주위를 계속 뛰고 있습니다. 뛸수록 숨은 가쁘고 이마에 땀이 맺히지만 당신은 살아있음을 느낄 수 있습니다. 그러다가 다른 사람과 부딪치게 됩니다. 부딪치는 강도가 전자의 경우와 같다 하더라도, 당신이 실제로 느끼는 강도는 덜할 것입니다. 당신의 몸은 운동으로 단단해져 있고, 이미 심박수는 높아져 있기 때문에 그 정도 강도의 충격은 빨리 흡수할 수 있습니다.

당신이 먼저 행동을 한다면 아무리 괴로운 상황이라도, 어떤 실패의 상황에 처해 있더라도 잠시나마 그것을 잊을 수 있습니다. 또한 행동은 의욕을 불러일으킵니다. 의욕을 지속시키기 위해서라도 실패의 상황 속에서 조금씩이라도 전진해야 합니다.

어린 시절 감기에 걸려 열이 나고 아플 때마다 엄마는 항상 저를 산책을 하게 했습니다. 아프다고 누워만 있는다고 병이 낫는 것이 아니라면서요. 그때는 그 뜻을 이해하지 못했습니다. 하지만 이제는 좀 알 것 같습니다. 아픈 것이 내게 육체적 실패의 상황이라면, 산책은 육체적 전진을 의미할 것입니다. 이런 행동은 계속 내 기억과 습관 속에 쌓여갈 것입니다. 실패 속에서도 멈추지 않았던 그런 작은 행동은 더 큰 시련과 실패 앞에서도 당신에게 성공의 길을 찾는 법을 알려 줄 것입니다.

"동료의 성공을 돕는다"

헤드헌터라는 직업을 들어본 적이 있을 것입니다. 그들은 주로 중간관리자 이상의 사람과 회사에서 원하는 인재를 연결해 주는 중계자의 역할을 합니다. 직책에 맞는 적임자를 찾기 위해 인맥과 객관적 데이터베이스를 모두 동원합니다. 이중에서 가장 중요한 부분이 바로 '평판'입니다. 직책에 맞는 후보자를 선별한 후 그 사람들의 평판 조회를 시작합니다. 평판 조회는 대부분 그 사람의 상사에게서 하지만 같은 업계에 종사하는 주변 사람과 동료들을 대상으로 이루어지기도 합니다. 흔히 '한 다리 건너면 다 안다'라는 말처럼 한국 사회에서 평판 조회를 했을 때 한 사람의 인맥만 거치면, 그 후보자의 공·사적인 부분에 대해 다 알아낼 수 있습니다. 아이하라 다카오는 '평판도 스펙'이라는 말을 했습니다. 같이 일하는 동료와 돈독한 관계를 유지하고 동료의 일을 도와 동료의 성공에 일조한다면 당신의 스펙이 쌓이는 것과 같은 원리입니다.

왜 당신은 동료의 성공을 견제하고 질투하시나요? 그것은 혼자 가고 싶기 때문입니다. "빨리 가려면 혼자 가고, 멀리 가려면 같이 가라"라는 말이 있습니다. 혼자 가고 싶은 마음은 충분히 이해가 갑니다. 빨리 가고 싶은 마음도 공감이 갑니다. 그러나 빨리 간다고 해서 남들보다 더 높은 자리에 오른다거나, 상사로부터 더 인정을 받는 것이 아니라는 사실을 알아야 합니다.

우리는 더 멀리 가야 합니다. 우리의 목표는 사실 보이질 않을 정도의 거리에 있습니다. 멀리 가기 위해 당신에게는 동료가 꼭 필요하다는 것을 인정해야 합니다. 인간은 누구나 '다른 사람을 돕고 싶다'는 마음과 '누군가에게 꼭 필요한 존재가 되고 싶다'라는 생각이 마음속에 자리 잡고 있습니다. 단지 사회생활의 경쟁 속에서 잠시마나 그것을 잊고 있었던 것입니다. 당신은 좋은 사람입니다. 당신은 성공할 수 있는 가능성을 가진 사람입니다. 바로 당신의 동료와 같이 간다면 말입니다.

"우연한 성과를 기뻐하지 않는다"

우리는 '결과'의 시대에 살고 있습니다. 조직 내에서 한 사람이 보여주는 결과물에 집착합니다. 당신이 자녀를 둔 부모라면 양육 과정에서 결과를 얼마나 중요하게 여기는지 잘 알 것입니다. 아이가 유치원에서 받은 상장을 칭찬하고, 초등학교에서 반 대표가 된 것을 칭찬합니다. 아무도 "열심히 하고 있구나", "오늘도 최선을 다했구나"라는 칭찬을 하지 않습니다. 나 또한 이런 환경에서 자랐다는 것이 서글픕니다. 하지만 성공하는 사람들은 결과만을 두고 만족하지 않습니다. 순간순간 노력하고 공들여온 모습에 주목합니다.

축구선수들은 운 좋게 들어간 골에 대해서는 기뻐하지 않는다고 합니다. 오히려 불안해한다고 합니다. 운 좋게 들어간 골의 다음은 자살골로 이어지는 경우가 발생하기 때문이라고 합니다.

'운이 좋았다'라는 말은 사실은 하루하루 열심히 한 사람의 결과물에 대해 겸손함을 표현하기 위해 하는 말일 뿐입니다. 정말 우연히 일어난 일을 표현하는 말이 아닙니다. 사람들이 길을 다가가 우연히 주운 돈 10만 원은 1시간 아니, 10분 안에 다 써버릴 수 있습니다. 하지만 땀 흘려 번 단돈 5만 원은 저축을 합니다. 이것은 우연히 얻게 된 결과냐 아니냐의 차이에서 오는 것입니다. 당신이 보여주는 결과물이 우연히 얻은 것이 아니라 노력한 시간들의 결과물이라면 있는 그대로 받아들이면 됩니다. 그리고 그 노력의 시간들을 당신의 머릿속과 마음속에 새기면 됩니다.

"환경이 바뀌면 바로 적응한다"

조직은 항상 변할 수 있습니다. 당신의 상사가 바뀔 수 있고, 당신의 동료직원이 퇴직을 할 수도 있으며, 당신의 부하직원이 새로 올 수도 있습니다. 또한 회사의 내규가 바뀔 수 있고, 월급이 삭감되거나 인상될 수도 있습니다. 변화는 우리의 삶 속에 존재하며 숨 쉬고 있습니다.

《누가 내 치즈를 옮겼을까?》라는 책은 고전처럼 우리에게 오랜 시간 동안 읽히고 있으며 널리 알려져 있습니다. 내용을 자세히 설명하지 않아도 다 알 정도이니까요. '변화'라는 주제에 대해 이해하기 쉽게 보여주는 책입니다. 전 다행히도 변화를 두려워하지 않는 사람 중 하나입니다. 위와 같은 책이 많은 시간 동안 읽히고 있다는 것은 사람들 대부분이 변화를 두려워하고 있다는 뜻입니다.

그렇다면 사람들은 왜 변화를 두려워할까요? 그것은 바로 모르기 때문입니다. 어떤 일이 일어날지, 어떤 상황이 펼쳐질지 모르기 때문에 두려운 것입니다. 그런데 저는 왜 변화를 두려워하지 않는 편이라고 했을까요? 저는 모르는 것이 재미있기 때문입니다. 왜 우리는 항상 가던 길로 가야한다고 생각하고, 항상 가는 카페나 레스토랑을 가는 것일까요? 알고 있고, 편하기 때문입니다. 하지만 그것에는 흥분도 재미도 없습니다. 전 새로운 것을 먹을 때, 새로운 것을 할 때, 새로운 사람을 만날 때마다 기분이 좋아집니다. 그 느낌은 내가 살아있구나, 내가 숨 쉬고 있구나 하는 생각을 하게 해줍니다.

사회생활 속 수많은 환경의 변화 속에서 당신은 두려워하거나 불평을 늘어놓을 수도 있습니다. 하지만 성공하는 사람은 불평을 하기 전에 변화의 긍정적 측면을 먼저 살펴봅니다. 그리고 그 긍정적 측면을 자기 것으로 만들려는 노력을 합니다. 왜냐하면 성공하는 사람들은 그 변화의 의미를 이해하고 필요성을 납득하기 때문입니다.

 성공의 의미를 찾지 못한 친구에게 이렇게 말해주세요!

"성공하는 사람들에는 분명한 공통점이 있다는 것을 누구나 다 알잖아. 하지만 모든 사람이 다 그렇게는 될 수 없어. 단지 그들의 공통점에서 내가 가지고 있는 요소를 최대한 접목시킨다면 적어도 넌 너의 분야에서 성공할 수 있지 않을까? 그리고 성공에 대한 너만의 정의를 내려야 할 것 같아. 성공의 의미는 사람마다 다 다를 수 있잖아."

내성적인 성격이 문제라면
어떻게 해야 할까?

여기 평범한 9살짜리 초등학생 여자아이가 있습니다. 그 소녀는 오늘 처음으로 학교에서 친구들과 여름캠프를 떠납니다. 난생 처음 부모님과 떨어져 하룻밤을 보내고 오게 된다고 생각하니 설렙니다. 전날 소녀의 엄마는 캠프에 가져갈 짐을 싸는 것을 도와주다가 책 몇 권을 소녀의 가방에 넣어줍니다. 소녀의 가족이 모두 독서를 좋아해서이기도 하고 캠프에서 쉬는 시간에 소일거리 할 것을 챙겨주고 싶은 마음 때문이었습니다.

캠프는 잘 짜인 일정대로 움직여야만 하는 곳입니다. 그곳은 매우 소란스러웠고 정신이 없기도 했습니다. 첫날 캠프 선생님들은 캠프 참가자들을 모아놓고 팀별로 응원하는 방법을 가르쳐 주었습니다. 소녀는 응원방법을 왜 배워야 하는지 잘 모르겠다는 생각이 들었지만, 친구들과 어울려 열심히 따라했습니다. 드디어 쉬는 시간이 되어 책을 읽을 수 있게 되었습니다. 하지만 그런 모습을 지켜본 선생님들은 소녀를 걱정했습니다. 캠프에 온 목적이 새로운 친구들과 사귀고 단체생활에 적응하는 방법을 배우기 위함이라고 설명하기도 했습니다. 그러나 소녀는 쉬는 시간에 책을 읽는 것이 무엇이 잘못된 것인지 전혀 알 수가 없었습니다. 캠프에서의 경험은 소녀의 조용하고 내성적인 성향이 올바르지 못한 것이고 사회생활에서는 더 외향적으로 바뀌어야만 한다는 것을 느끼게 해주었습니다.

현대사회에서 사실상 내성적인 성향은 시대에 맞지 않는 면이 좀 더 많습니다. 조직에서는 활발하고, 다가가기 부담 없고, 타인과의 대화를 능숙하게 해내는 사람을 선호하기 마련입니다. 컴퓨터가 대신할 수 없는 일의 대부분의 영역은 다 사람이 해야 하는 부분이고, 특히 사람의 외향적인 성향과 열린 대화법이 필요하기 때문입니다.

캠프에서 돌아온 9살짜리 소녀는 자신이 어른이 되었을 때 모습을 떠올려 봅니다. 더 이상은 내성적이라는 말을 들으면서 살아갈 자신이 없어집니다. 소녀는 사실 어렸을 때부터 작가가 되는 것이 꿈이었습니다. 하지만 성인이 되어 변호사가 되어있습니다. 작가라는 직업은 내성적으로 보이기 때문에 외향적으로 보일 수 있는 직업을 선택한 것입니다. 그녀는 사회생활에서 다양한 사람들과 일부러 어울렸고, 사람들이 많고 시끄러운 장소에서 친구들과의 약속을 정하기도 하였습니다. 그래야만 자신이 내성적인 사람이 아니라는 평가를 듣게 될 테니까요.

하지만 문득 그녀는 깨달게 되었습니다. 이런 억지스러운 행동은 손해이고, 자신의 본질을 언제까지나 숨기면서 살 수 없다고 생각하게 되었습니다. 내성적인 사람들은 타인과의 접촉을 싫어하는 것이 아닙니다. 단지 외향적인 사람들과 바라보는 방향성이 다른 것입니다. 내성적인 사람들은 오늘의 피로를 풀고 내일을 위한 에너지를 충전하기 위해 자기만의 시간과 공간을 필요로 합니다. 반면 외향적인 사람들은 퇴근 후 동료들과 술 한 잔을 기울이거나 밥을 먹으며 시간을 보내는 것을 즐깁니다. 그때 내성적인 사람들은 집에 가서 조용히 혼자 영화를 보고 싶다는 생각을 할 것입니다. 《혼자가 편한 사람들(도리스 메르틴)》 내용 중에서)

우리는 흔히 지도자 또는 리더라는 단어를 떠올리면 내성적인 사람과는 거리가 멀다고 생각합니다. 하지만 많은 사회학자들이 연구한 결과에 따르면 내성적인 지도자들이 외향적인 사람보다 더 좋은 결과를 낳는다고 했습니다. 그 이유는 내성적인 지도자들은 직원들의 생각을 더 면밀히 관찰하여 그들의 마음을 잘 읽고 생각들을 더 잘 활용하기 때문입니다.

더 나아가 권위적이거나 강압적인 태도로 자신의 의견을 피력하기보다는 직원들의 의견을 경청하고 예리한 질문을 통해 직원들 스스로가 문제점을 찾도록 도와줍니다. 그들은 외향적인 사람보다 자기 성찰을 더 잘하고 상대방 입장에 서서 생각하는 공감능력이 뛰어납니다. 이런 여러 가지 요소들이 외향적인 지도자들보다 내성적인 지도자들이 성공적으로 구성원들을 이끈다고 말할 수 있습니다.

(TED Susan Cain: The power of introverts 내용을 각색함)

저에게는 30년 이상을 같이해온 친구가 있습니다. 그 친구는 저와의 첫 만남을 잘 기억하지 못하지만 저는 그 친구와의 첫 만남을 또렷이 기억합니다. 인천 할머니 댁 근처에 살다가 서울로 이사 온 후 학교에 처음으로 등교하는 날이었습니다. 아버지의 일을 도와주고 계시던 어머니는 내가 학교 가는 날 너무 일이 바빠 나와 같이 가줄 수 없다고 하셨습니다. 집에서 학교까지의 거리가 채 5분도 되지 않았기에 저는 씩씩하게 혼자 걸어갔습니다. 근데 학교에 가자 전날 뵈었던 담임선생님이 안 계셔서 아무도 아는 사람이 없었습니다. 나는 그저 교실 앞에 서있었습니다. 지나가던 아이들이 자꾸만 나를 쳐다보는 것 같았고, 왠지 모를 불안감이 느껴졌습니다. 그러던 중 몇 명의 아이들 무리가 제가 서있는 교실 안으로 들어가다가 저한테 "너는 누구니? 이반 맞니?"라고 질문을 하는데 갑자기 머릿속이 하얗게 되면서 대답을 못했습니다. 그러자 다른 아이가 재차 물었습니다. "너 혹시 다른 반 아니야?"라고요. 전 더욱 당황하여 한마디도 할 수가 없었습니다.

그때 지금 저와 30년을 넘게 같이 한 친구 C가 "너 혹시 전학왔니?"라며 "이리로 들어와. 내 옆자리가 비어 있어. 앉아"라고 하는 것이 아니겠어요? 전 갑자기 울음을 터트렸습니다. 너무나 내성적이어서 말도 잘 못하던 저에게 구원의 손길을 내밀어준 친구가 있어 안도의 눈물이 흘러내린 것입니다. 그리고 그 후 C는 영원한 저의 구세주로 제 기억 속에 남아있습니다.

전 현재 대중 앞에서 강의를 하는 직업을 가지고 있으며, 예전에는 다양한 사람을 상대하는 항공사 객실승무원이라는 직업을 가졌었습니다. 이 직업들이 제가 얼마나 외향적이며 자기표현이 강한 사람인지를 나타내줍니다. 하지만 저의 어린 시절을 기억하는 친구들 모두는 이런 말을 합니다. "진짜 의외다. … 너가 강의를 한다고?" 이렇게요. 당연히 그들은 말 한마디 못해 교실 문 앞을 서성이던 수줍음 많은 아이로만 저를 기억하고 있기 때문입니다. 전 정말 자신 있게 말할 수 있습니다. "나보다 내성적인 사람 있으면 나와 봐!"라고요. 전 내성적인 사람이 맞습니다. 그리고 내성적인 사람이 얼마나 많은 잠재력을 가지고 있고, 스스로에 대한 성찰을 잘 하는 사람인지 꼭 얘기해주고 싶었습니다.

베스트셀러 작가 엘리자베스 길버트Elizabeth Gilbert는 자전적 이야기를 담은 《먹고, 사랑하고, 기도하라》에서 매우 특별한 방식으로 내향성에 대해 서술하였습니다. 인간의 본능에 따라 표현

되는 내향성에 대해 보여주고 있습니다. 이 책은 실제 저자의 인생 이야기에 바탕을 두고 있습니다. 주변 사람들에게 치여 살던 여자가 진정으로 행복한 삶을 찾아가는 여정을 보여 주고 있습니다. 그녀는 누군가에게 상처받고, 그것을 받아들이려는 노력만 하면서 살았습니다. 삶의 중심을 자신에게 두는 방법을 잊고 살았습니다. 그녀는 잘 몰랐지만 지극히 내성적인 삶을 살았습니다. 그것을 잊어버린 채 사회적인 사람으로만 살아갔기 때문에 힘들었던 것입니다. 그녀는 여행을 통해, 맛있는 것을 다이어트 걱정 없이 먹는 것을 통해, 새로운 친구와의 만남을 통해 자신의 내면을 바라보게 됩니다. 이것은 비단 영화나 책 속의 주인공의 이야기가 아닙니다.

그밖에도 페이스북 창시자 마크 주커버그, 독일 최초의 여성 총리 메르켈, 영화배우 엠마왓슨 등 내성적인 성격을 가진 사람은 쉽게 찾을 수 있습니다. 《혼자가 편한 사람들》 - 도리스메르틴 책 내용 중에서) 물론 우리 주변에도 쉽게 찾아볼 수 있습니다. 하지만 눈에 띄지 않고 조용한 그들의 성향은 자신을 드러내야만 하는 이 시대의 이상과는 괴리감이 있어 보입니다. 사실 내성적 성향의 사람들은 오늘 하루를 보내고 더 나은 내일을 위해 에너지를 충전하기 위해 자신만의 시간을 보내는 것을 더 즐거할지 모릅니다. 이것은 사회생활 단절을 의미하는 것이 아니라 더 나은 자신의 모습을 보여주기 위해 노력하는 모습입니다. 그리고 그들이 자신의 생각을 즉각적으로 표현하지 않는 것은 더 신중한 생각으로 좀 더 나은 결정을 하기 위해서입니다. 우리는 내성적인 사람을 더 이상 '속을 알 수 없는 사람' 또는 '딴 생각'을 하는 사람으로만 치부해서는 안 됩니다. 내성적인 사람들의 숨겨진 잠재력과 자주적인 삶의 태도를 우리는 배워야 할 필요성이 있습니다.

 내성적인 자신의 성격을 걱정하는 친구에게 이렇게 말해주세요!

"내성적인 사람들은 외향적인 성격을 가진 사람들과 분명히 다른 점들이 있어. 특히 자신을 성찰하고 공감하는 능력이 뛰어나다는 것인데 나도 너에 대해 항상 그렇게 느꼈었어. 난 너가 나에 대한 많은 부분을 공감해줘서 너와 만나면 항상 고민거리를 털어 놓게 되고, 너가 내 친구라는 것이 너무 좋아."

돈으로 어떻게
행복을 살까?

일반적으로 사람들은 '돈으로 행복을 살 수 없다'는 말을 하곤 합니다. 이것은 경제적 여유가 없는 대다수에게 희망의 메시지를 주기 위함일 뿐 실상은 그렇지 않을 수도 있습니다. 그리고 만약 여러분들이 돈으로 행복을 살 수 없다고 생각한다면 돈을 벌기 위해 직업을 갖거나 자신의 일을 하는 것이 의미 없게 느껴질 수도 있습니다. 그렇다면 대부분의 사람들이 주장하는, 돈으로 행복을 살 수 없는 경우에 대해 생각해 보겠습니다.

미국 내에서 로또에 당첨된 사람들에게 무슨 일이 일어나는지에 대한 흥미로운 기사를 CNN이 보도했습니다.

첫 번째 경우는 그 많은 당첨금에도 불구하고 오히려 빚을 질 정도로 모든 돈을 탕진해버렸다고 합니다. 그것도 아주 짧은 시간 안에 말입니다.

두 번째는 로또에 당첨된 당사자의 친구, 친척들이 그 사람의 돈을 얻어내기 위해 갖은 방법으로 괴롭혀 모든 인간관계가 망가지게 되고 사람들을 기피하게 되었다고 합니다.

세 번째의 경우는 이혼을 하거나 배우자 아닌 다른 사람과 바람을 피워 가정이 파탄 났다고 합니다.

그들 모두의 공통점은 로또 당첨 전의 삶보다 나아진 것이 없다는 것입니다.

여러분이 만약 로또에 당첨되는 행운을 누리게 된다면 어떨 것 같은가요?

절대로 그들과 같은 실수를 하거나 그들처럼 되지 않을 자신이 있다고 생각하실 수 있습니다. 하지만 저는 생각이 다릅니다.

저는 태어나서 지금까지(현재 42살입니다) 단 한 장의 복권을 사 본 적이 없습니다. 노력과 땀의 대가가 없는 돈에는 가치가 없다고 생각하기 때문입니다. 그리고 제 아무리 현명한 사람일지라도 한 번에 많은 돈을 운으로 얻게 된다면 흔들릴 수 있습니다.

우리가 돈으로 행복을 살 수 없다고 말하는 이유는 바로 돈을 잘못 쓰고 있었기 때문이 아닐까 하는 생각이 듭니다. 금액과 상관없이 돈을 가치 있게 쓸 수 있다면 그 돈의 양은 여러분이 느끼는 것보다 더 크게 생각될 것입니다.

선진국인 밴쿠버와, 개발이 아직 덜 된 우간다에서 돈과 관련한 공통적인 실험을 했습니다.

밴쿠버에 있는 브리티시 콜롬비아 대학 캠퍼스에서 사람들에게 돈을 주며 한 그룹에게는 "이 봉투 안에 든 돈을 오늘 오후 5시까지 자신을 위해 사용하세요"라고 주문을 했습니다. 그리고 그들이 그 돈을 어디에 사용했는지 확인을 했습니다. 대체로 자신을 위한 액세서리나 화장품을 샀습니다. 또 담배나 커피 같은 기호식품을 사는데 주로 사용했습니다. 하지만 몇몇의 사람들은 자신을 위해 돈을 쓰라는 지침에 개의치 않고 자신의 엄마에게 작은 선물은 사주거나 조카를 위해 인형을 샀습니다. 같은 돈을 소비했지만 전자는 자신을 위해서만 썼고 후자는 타인을 위해 돈을 사용했습니다. 바로 여기서 주목해야 할 점은 타인에게 돈을 쓴 사람들이 더 행복해했다는 것이었고, 더욱 놀라운 사실은 돈의 액수는 상관이 없다는 것입니다.

우간다에서도 캐나다에서와 마찬가지로 돈을 나눠주고 자신을 위해 쓰라고 주문했습니다. 한 남성은 "사귀고 싶은 여성에게 전화를 걸어 데이트를 신청하기 위해 전화비를 썼습니다"라고 말했는데 매우 행복해 보였습니다. 또 한 여성은 그 돈을 받아들고 길을 걷다가 오래전 친구를 만났는데 그녀의 아들이 말라리아에 걸려 병원을 가고 있다고 해서 그 돈 전부를 그녀에게 주었다고 했습니다. 그녀 또한 행복한 표정을 짓고 있었고 실제로도 행복하다고 말했다고 합니다. 국가의 경제적 수준이 이렇게 크게 차이 나는 나라에서 실험을 했지만 행복의 가치와 돈의 상관성에 대한 결과는 같다는 것을 우리는 쉽게 알 수 있었습니다.

여기, 대학을 졸업하고 평균 연봉을 받는 직장 내 사람들에게도 비슷한 실험을 했습니다. 이곳에서는 팀을 나눠 한 팀에게는 돈을 주면서 동료를 위해 쓰라고 하였고, 다른 한 팀에게는 자신을 위해 쓰라고 했습니다. 동료를 위해 돈을 쓰라고 한 팀의 일원들은 다른 동료를 위해 커피를 사오거나 간식거리를 사왔고 남은 돈으로 텀블러를 사서 동료에게 선물하였습니다. 다른 팀원들은 비슷하게도 커피를 사고, 텀블러를 샀으나 자신의 것만 샀습니다. 몇 달 후 신기하게도 두 팀의 협동 정도와 성과의 차이를 확연하게 알 수 있었습니다. 결과적으로 동료들에게 돈을 쓴 팀의 일원들은 기존의 성과와는 비교할 수 없을 정도의 성과를 발휘하였고 다른 팀은 오히려 성과가 감소한 사실을 발견하게 되었습니다. 즉 남을 위해 돈을 쓴 팀원들은 자신도 모르는 행복감을 느꼈을 뿐만 아니라 이런 동료의 사소한 배려로 업무적으로 서로 도와주고 효율성이 높아지는 결과에 이르게 된 것입니다. 이제 우리는 더 이상 '돈으로 행복을 살 수 없다'는 말을 하지 말아야 한다는 생각이 듭니다.

(TED Michael Norton: How to buy happiness 내용을 재구성함)

▶ 돈으로 행복을 사는 방법 실천하기

자신의 관심분야와 관련한 단체에 기부한다

평소에 아이를 좋아한다면 '홀트 아동복지회'로, 동물을 사랑한다면 '유기견 보호센터'와 같이 관심을 가지고 있는 단체나 기관에 기부를 할 수 있습니다. 금액은 아주 부담되지 않는 선이어야 합니다. 대신 한 달에 한 번, 분기별로 한 번씩 주기적으로 한다면 더욱 좋습니다. 행복을 좀 더 지속하는 방법이 될 수 있기 때문입니다.

주변의 사랑을 도와준다

친구나 직장동료, 친지 등의 생일날 선물을 사는데 돈을 쓰기보다는 그 사람들이 병원에 입원했을 때나 병문안을 갈 때 돈을 모아서 준다면 더욱 좋을 것 같습니다. 기쁨과 행복을 나눌 사람은 많지만 아픔과 괴로움을 나눌 사람은 많지 않기 때문입니다. 돈을 주면서 병원비에 보태 쓰라는 말 한마디만으로 금액과 상관없이 감동을 느낄 수 있을 것입니다. 또한 그 기쁨과 기억은 오래 지속될 것입니다.

기부 저금통을 만들어본다

편의점에서 물건을 사고 남은 잔돈, 택시비를 내고 남은 잔돈 등을 모아봅니다. 동전을 일부러 모을 필요는 없습니다. 하지만 그 저금통에 제목을 붙여둡시다. '행복 저금통'이라고 라벨을 붙여 저금통 돈의 일부를 기부하는 상상이나, 구세군 냄비에 넘는 상상을 해봅니다. 그 작은 동전들이 하나둘씩 쌓여가는 것을 볼 때마다 자신의 행복을 저축하는 기분이 들 것입니다.

 돈으로 행복을 살 수 있을지 잘 모르는 친구에게 이렇게 말해주세요!

"돈으로 작지만 큰 행복을 살 수 있는 방법이 얼마든지 있어. 요즘 '소확행'이라는 단어가 많이 쓰이고 있잖아. 너의 주변을 살펴보면 작지만 확실한 행복을 찾게 해주는 일들이 많이 있어. 예를 들면 너의 관심여부와 관련해서 기부를 한다든지, 작은 저금통을 만들어 남은 동전을 저금한다든지 할 수 있잖아.**"**

목표의식이 없다면
어떻게 해야 할까?

시각은, 우리가 가지고 있는 가장 중요하고 우선시 되는 감각입니다. 시각을 통해 우리는 주변을 끝없이 관찰하고 있으며, 재빠르게 보고 있는 것이 무엇인지 구별해 내고 파악합니다. 하지만 눈으로 보이는 시각 말고, 보이지 않지만 느껴지는 시각이 있습니다.

그것을 흔히 '마음의 눈'이라고 부릅니다. 마음의 눈은 실제 보이는 것보다 같은 현상을 다르게 볼 수 있게 만듭니다. 예를 들면 형제, 자매, 다른 사람의 떡이 더 커 보인다던지, 자신의 허리둘레보다 친구의 허리둘레가 더 얇아 보인다던지 하는 것입니다.

왜 우리는 사람, 사물, 또는 사건을 바라볼 때 다른 사람이 보는 것과 완전히 다르게 보게 되는 것일까요? 다양한 이유들이 존재하지만 이유들 중의 하나는 우리의 눈이 작동하는 방식에 그 해답이 있습니다. 시각을 연구하는 과학자들은 우리가 어느 특정한 시간 내에 접하게 되는 정보에 비해 우리가 집중을 하고 받아들이는 정보의 양이 비교적 적다는 것을 알아냈습니다. 실제로 정보의 홍수 속에서 헤매고 있지만 우리가 받아들이고 정확하게 기억할 수 있는 정보는 소수입니다.

같은 현상에 대해 사람마다 받아들이는 방식은 다릅니다. 책상 위 유리잔에 맥주가 반 정도 담겨 있다고 가정을 해봅시다. 누군가는 이것을 보며 '맥주가 반이나 남았네'라고 생각할 것이고 어떤 사람은 '맥주가 반밖에 남지 않았네'라고 생각할 것입니다. 누구나 자신의 몸무게를 관리하기 위해 애쓰고 있으며, 몸무게를 관리하기 위한 다양한 방법들을 책, SNS, TV에서 접할 수 있습니다. 일반적으로 추석이나 설날 같은 긴 연휴에 가족들과 많은 음식들을 섭취합니다. 그리고 그 명절연휴 끝에는 살을 빼겠다는 야심찬 생각을 가집니다. 하지만 대부분의 사람들은 그런 결심이 2주도 안 돼서 마음속에서 사라지는 것을 경험했을 것입니다.

여러분이 연휴의 마지막 날 다이어트를 결심했다고 가정을 해봅시다. 우선 마음먹은 것에 대해 행동을 개시하기 위해 피트니스 센터 정보를 검색해서 등록하거나 집 근처 공원이나 한강에 가서 조깅을 할지도 모릅니다. 하지만 운동을 며칠 했다고 해서 눈에 띄게 살이 한순간에 빠지지 않는 것을 누구나 경험해

봤을 것입니다. 그런데 여기서 운동을 지속하는 사람들은 지속하지 못하는 사람들과 분명한 차이점이 있습니다. 그것은 바로 마음의 눈이 어떤 것을 바라보고 있느냐 입니다. 마음의 눈이 정확한 목표를 향해 있는 사람이라면 운동을 지속해서 원하는 몸무게에 이르게 될 것이고, 마음의 눈이 목표를 잘 보지 못하는 사람이라면 중도에 운동을 그만두게 되는 것입니다.

우리 마음의 눈이 목표까지 가는데 장애물이 될 수도 있고 촉진제가 될 수도 있습니다. 마음의 눈을 통해 어떤 사람들은 운동을 어렵게 인지할 수도 있고, 어떤 사람들은 운동을 더 쉽게 인지할 수도 있습니다.

"많은 것들을 한꺼번에 생각하지 말고 목표만 집중하라"라는 말을 많이 들어보셨을 것입니다. 이 말은 자신이 이루고자 하는 것에 다가가기 위해 여러 가지를 재고, 어려운 장애물들을 염려하기보다는 순간에 최선을 다해 목표를 향해 가라는 의미를 품고 있습니다.

성공한 사람들에게서는 많은 공통점을 찾아볼 수 있습니다. 모든 사람이 다 성공해야 하기 때문에 이런 말을 하는 것이 아닙니다. 적어도 자신이 원하는 것을 하고자 할 때 목표를 이루기 위해 성공한 사람들의 어떤 면을 알고 배우면 좋다는 것입니다. 성공한 사람들은 자신들의 목표를 실제 눈앞에 펼쳐지는 영화처럼 생각해 본다고 합니다. 영화는 허구이지만 그 영화가 자신에게 현실처럼 일어나는 일이라고 생각한다면 마치 진짜처럼 느껴질 수 있습니다. 진짜 가질 수 있는 것에 대해서는 누구나 명확한 목표를 둘 수 있기 때문에 이런 생각은 정말 중요합니다.

저는 항공서비스학과에서 승무원 면접 관련한 강의를 10년 넘게 해왔습니다. 그러다 보니 관련된 책을 4권이나 집필하였고, 승무원을 준비하는 독자들에게 많은 사랑을 받았습니다. 하지만 가끔 전 제가 쓴 책이 승무원을 준비하는 한정된 사람들에게 읽히는 것이 아니라 대중에게 읽힐 수 있게 되길 바란 적이 있습니다. 그 다음 설정한 목표는 많은 사람들이 공감할 수 있는 자기계발서를 출판하는 것이었습니다. 제가 이 목표를 이루기 위해 가장 먼저 한 일은 대형 서점에 가는 것이었고, 베스트셀러가 진열된 곳에 서서 영화의 한 장면을 머릿속에 그리는 것이었습니다. 그 영화 속 장면은 여자 주인공이 온갖 어려움과 역경을 이겨내고 책을 출판하여 베스트셀러 작가가 되어 대형 서점에서 출판 강연회를 하는 모습입니다. 또한 그녀의 책이 베스트셀러 진열대 1위에 꽂혀 있는 것을 바라보는 장면이었습니다. 이런 영화 같은 상상이 지금 이루어졌습니다. 2년간 준비하고 작업한 자기계발서가 이렇게 완성되어 세상에 나오게 되었습니다.

뚜렷한 목표의식이라는 것이 평범한 사람 또는 게으른 사람들에게는 먼 산을 바라보는 일처럼 느껴질 수 있습니다. 하지만 누구에게나 숨겨진 재능이 있고, 그 재능과 관련된 목표라면 누구나 이루어낼 수 있다고 확신합니다. 자신의 잠재력을 믿고 그것에 맞는 목표를 설정해 보도록 하십시오.

(TED Emily Balcetis:

Why some people find exercise harder than others의 내용을 재구성함)

《The one thing》의 저자 게리켈러Gary W. Keller는 이런 질문을 우리에게 던집니다. "당신이 이번 주에 할 수 있는 일 중 다른 모든 일들을 제쳐 두고서라도 꼭 해야 할 단 한 가지 일이 무엇입니까?"라고 말입니다. 우리에게 주어지는 시간은 하루 24시간뿐입니다. 누구나 이 시간에 주어진 업무를 다 처리하고 퇴근을 하여 집에 돌아가 맛있는 저녁식사를 즐기며 사랑하는 가족과 텔레비전을 보거나 보드게임을 하고, 잠자리에 들어 숙면을 취할 수 있습니다. 다른 누군가는 밀린 업무를 가지고 와 노트북을 들고 식사를 하면서 업무 관련 사항을 메모한 후 식사를 제대로 마치지도 못하고 책상에 앉아 다시 밀린 업무를 위해 고군분투할지도 모릅니다.

당신은 어느 쪽이었으면 좋겠습니까? 대부분 전자이고 싶을 것입니다. 저 또한 마찬가지입니다. 우리가 전자의 경우처럼 향상되지 않는 것은 하루의 목표의식이 결여되었기 때문입니다. 목표라고 하면 왠지 멀리 있는 과녁처럼 생각됩니다. 하지만 하루 24시간 안에도 목표가 있어야 합니다. 목표를 설정하고 달성하게 만들어주는 것은 바로 '당신이 꼭 해야 할 단 한 가지'만을 생각하는 것입니다. 채워진 에너지와 할당된 시간은 한정되어 있습니다. 그것을 마치 무한한 것처럼 쓰려다보면 지치거나, 오늘 하루의 목표를 달성하는 것이 불가능하게 보입니다.

좀 더 효율적으로 시간을 사용하고자 한다면 일의 가짓수를 줄이고, 한 가지에 집중하는 노력이 필요합니다. "일의 가짓수를 줄이는 것이 가능한가요?"라고 묻는다면 저는 그 대답은 할 수가 없습니다. "할 일이 많지 않는 사람이 어디에 있나요?"라고 반문하고 싶어집니다.

무엇인가를 사서 쟁여 놓기 좋아하는 사람이 있습니다. 그 사람은 물건을 구입해서 더 이상 놓을 자리가 없다고 불평을 합니다. 저라면 더 좋은 물건을 사다 놓을 자리를 마련하기 위해 사용했거나 더 이상 가치가 없다고 생각하는 물건을 먼저 버릴 것입니다. 이처럼 당신이 어떤 일을 해 나가는데 있어 중요도가 높다고 생각하는 것에 집중하고, 중요도가 낮다고 생각하는 것은 버리는 것입니다. 여기서 버린다는 의미는 그 일을 아예 하지 않을 수도 있고, 그 일을 주말로 미루거나, 아니면 다른 사람에게 도움을 청할 수도 있다는 것입니다. 버리라고 해서 아예 손을 놓아 후에 큰 문제로 만들라는 뜻이 아닙니다. 목표를 달성하기 위해 중요한 한 가지 일을 파고드는 것은 더욱 큰 성과를 내는 것뿐만이 아니라 목표에 이르는 지름길입니다. 즉 명확한 목적의식이 수반되는 목표를 정하십시오. 그리고 마치 이 세상에 그 목표가 하나인 것처럼 생각하고 행동하는 것이 당신이 원하는 것을 얻을 수 있는 방법입니다.

목표의식이 없는 친구에게 이렇게 말해주세요!

"목표의식은 거창한 것이 아니라 너의 재능을 발견하고 그 재능을 실현하기 위한 구체적 계획이라면 다 맞다고 생각해. 너가 목표로 하는 것을 이루기 위해서는 시간과 과정이 필요하지만 그 과정 속에서 얼마나 그 목표를 영화 속 한 장면처럼 머릿속에 그릴 수 있느냐가 관건이라고 생각해."

좀 더 나은 대화를
하는 방법은 없을까?

페이스 북이나 인스타에서 나의 계정에 익명의 사람이 불쾌한 댓글을 달아 차단해본 경험이 있으신 분 있으세요? 만약 여기서 손을 들라고 하면 아마도 50% 이상이 손을 들 것입니다.

고전영화 '마이페어레이디'에서는 "정중한 대화를 하려면 날씨, 건강에 대해서만 이야기하세요"라고 했습니다. 그런데 현대 사회에서는 이런 것도 통하지가 않는 것처럼 보입니다. 기후 변화나 백신 거부 운동 같은 것을 대화의 주제로 삼으면 어떨까요?

우리가 살고 있는 이 세상의 모든 대화 주제는 논쟁으로 발전될 수 있는 가능성이 있습니다. 우리는 항상 스마트폰을 들고 있거나 언제든 바로 볼 수 있게 옆에 둡니다. 그렇게 하지 않으면 불안해합니다. 저의 경우 스마트폰으로 하루에도 수십 번의 문자 메시지를 주고받고, 1시간 이상 SNS를 하며 적어도 30분 이상 인터넷 검색을 합니다. 누군가를 만나서 이야기하거나, 집에서 책 작업을 하는 시간이 많아 스마트폰을 사용하는 빈도수가 적은 편인데도 그렇습니다.

제가 대학에서 강의를 할 때 학생들에게 자기소개를 시켜보거나 좋아하는 것에 대해 말해보라고 했을 때 논리정연하게 말한 학생은 전체에서 10%가 채 되지 않습니다. 또한 많은 학생들이 예기치 못한 질문에 답을 할 때와 경험해 보지 못한 일들에 대해 이야기할 때 특히 당황하는 것을 보았습니다. 왜 그럴까요? 전 스마트폰의 영향이 크다고 봅니다. 현재 10~20대인 사람들은 저보다 더 많은 시간 동안 스마트폰에 노출되어 살아왔을 것입니다. 그렇기 때문에 단편적인 지식과 정보만을 접하게 되어 논리적으로 생각하고 이것들을 정리해 말하는 방법에 대해 무뎌지게 됩니다. 그래서인지 요즘 스피치 학원들이 많이 생겨나고 있으며, 잘 말하는 기술을 배우려는 사람들이 넘쳐납니다. 또한 화법에 관련한 다양한 책들이 꾸준히 나오고 있다는 사실도 서점에 가면 쉽게 확인할 수 있습니다.

대화의 기술에 관련한 책과 교육의 내용들을 살펴보면 대부분 '눈을 보고 말해라', '흥미로운 화제를 생각해 둬라', '상대방이 말하면 고개를 끄덕여 줘라' 등과 같은 조언을 하고 있습니다. 사실 이런 기본적인 사실보다 더 중요한 것이 있습니다. 그것은 바로 상대방의 기분을 상하지 않게 대화하는 법입니다. 더 아나가 기분을 상하지 않게 하는 정도에 그치는 것이 아니라 상대방이 당신과의 대화에 몰입이 되고, 진짜로 통한다는 느낌을 받는 대화를 할 수 있도록 하는 것입니다.

여기에는 기본 규칙이 10가지가 있습니다.

첫 번째 한꺼번에 하지 마십시오.

핸드폰, 태블릿PC, 차키 등 뭐든지 손에 든 것을 내려놓고 이야기에 집중하십시오. 그냥 그 순간에 충실하고 이야기에 집중하세요. 이야기를 듣다가 아까 직장 동료와 같이 먹기로 한 점심메뉴를 생각하지 마십시오. 대화에 빠져드십시오.

두 번째 설교하지 마십시오.

자기 의견만 표현하고 싶고, 논쟁, 반박을 하고 싶다면 자신의 블로그나 페이스북에 적으세요. 유명한 심리치료사인 스콧 펙Morgan Scott Peck은 '진정한 경청은 자신을 내려놓는 것'이라고 했습니다. 이 말은 개인적인 의견을 내려놓아야 할 때도 있다는 뜻입니다. 말하는 사람은 듣는 사람이 수용하고 있다는 것을 느끼면 점점 더 약해지면서 더 속내를 열게 된다고 합니다. 어떤 누군가에게도 배울 것이 있다는 마음으로 상대방의 이야기를 들어주세요.

셋째는 대화의 흐름을 따르십시오.

대화에는 하나의 맥락이 있습니다. 그 대화의 주요 쟁점과 소소한 사항들이 뭉쳐져서 맥락을 만들어 갑니다. 대화가 나아가는 방향으로 자연스럽게 따라가다 보면 대화의 질은 높아집니다. 갑자기 흐르는 물의 방향을 바꾸기란 여간 어렵지가 않습니다. 자신이 주장하고자 하는 이야기보다는 대화의 흐름에 순응하며 이야기를 나눈다면 당신의 주장을 펼칠 타이밍을 잡게 될 것입니다.

넷째 열려있는 질문을 하십시오.

답이 "예" 또는 "아니오"라고만 나오는 질문을 해서는 안 됩니다. 이건 기자들이 주로 많이 쓰는 방식입니다. 질문을 육하원칙으로 합니다. 또한 복잡한 질문을 통해 단순한 답을 얻을 수 있는 좋은 방법입니다. 예를 들어 어떤 상황에서 느낀 감정에 대해 "당신은 두려웠습니까?"라고 물으면 여러분은 그 질문에 당연히 "네" 또는 "아니오"라고만 답을 할 것입니다. 하지만 "그때 어떤 감정이 들었나요?"라고 묻는다면 여러분들은 "화가 났어요", "두려웠어요", "감정이 격해졌어요" 등과 같이 좀 더 심도 있는 답을 얻어낼 수 있습니다. 상대방이 좀 더 생각을 해보고 답을 할 수 있게 질문을 해주세요. 아마도 더 흥미로운 답을 얻어낼지도 모릅니다.

다섯째 모르면 모른다고 하십시오.

요즘 방송매체에 나오는 사람들은 자기가 하는 말이 녹음된다는 사실을 알기 때문에 말하는 것을 조심합니다. 특히 전문적인 지식을 바탕으로 하는 직업을 가진 사람들은 '내가 이 분야의 전문가니까 전부 확실히 안다고 해야 돼'라는 강박관념에서 답을 하곤 합니다. 자신의 전문 분야일지라도 지식의 한계는 분명히 존재합니다. 그것을 인정하고, 자신의 무지를 깨닫는 것이야말로 한 발 더 앞서 나가는 방법이라고 생각합니다. 전 항상 자신 있게 '나도 잘 모르는데'라는 말을 하곤 합니다. 그 후 그 질문의 답을 찾으려는 노력을 게을리 하지 않습니다. 이것이 나의 지적 호기심을 충족시켜주는 좋은 방법일 뿐 아니라 나의 대화 능력을 발전시키는 방법임을 확신합니다.

여섯 번째 여러분의 경험을 다른 이의 경험과 동일시하지 마십시오. 누가 가족의 죽음에 대해서 이야기를 하면 여러분이 가족을 잃었을 때의 이야기는 하지 마세요. 누가 회사일로 힘들다고 이야기하면 여러분도 회사를 그만두고 싶다고 말하지 마세요. 절대로 같은 것이 아닙니다. 이야기를 먼저 시작한 사람이 중심입니다. 당신은 이런 순간을 이용해서 자기의 푸념을 늘어놓거나, 또는 반대로 자신의 행복을 자랑하는 찌질이가 될 수 있습니다. 그저 상대방이 힘든 경험을 하고 있구나 하고 있는 그대로 받아들여 주세요.

일곱 번째 했던 말을 또 하지 마십시오. 이것은 직장에서나 특히 아이와 대화할 때 저지르는 실수입니다. 솔직히 인정해야 겠군요. 저는 오늘 아침에도 아이에게 같은 내용을 7가지의 다른 주제로 5번 이상씩 말했습니다. 사실 전 좋은 대화를 위해서 이 방법을 지키기는 어려울 것 같습니다. 하지만 여러분은 아니시겠죠? 대화할 때 반복적인 이야기보다는 요점을 정확히 짚어 말하는 것이 중요합니다. 반복해서 말하기 전에 미리 요점정리를 머릿속에서 하는 시간을 가져보는 것이 좋을 것 같습니다.

여덟 번째, 들으십시오. 수많은 위대한 사람들이 공통적으로 말한 것입니다. '듣는 것이야말로 여러분들이 개발할 수 있는 가장 중요한 실력입니다'라고요. 마케팅의 대가 피터드러커Peter Ferdinand Drucker는 "내가 무슨 말을 했느냐가 중요한 것이 아니라 상대방이 무슨 말을 들었느냐가 중요하다"라고 했으며, 데일 카네기Dale Breckenridge Carnegie는 "다른 사람의 이야기를 진지하게 들어주는 태도는 우리가 상대에게 줄 수 있는 최고의 찬사다"라고 했습니다. 우리가 경청을 하지 많은 이유는 말하는 것을 좋아하는 본능을 가지고 있기 때문입니다. 자신이 말할 때는 대화를 통제하는 것처럼 느끼기 때문입니다.

아홉 번째, 작은 정보에 집착하지 마십시오. 상대방이 말하는 내용 중 나오는 사람의 숫자, 연도, 그리고 시간 같은 기억하기 힘든 것을 기억하려고 노력할 필요는 없습니다. 이야기의 맥락을 이해하고, 이야기의 초점이 어느 방향으로 향해 있는지만 기억하면 됩니다. 어떤 기업체의 면접에서는 A4용지 한 장 분량의 최근 신문기사를 읽게 한 다음 3~4줄 정도로 요약하여 말하기를 시킨다고 합니다. 많은 지원자들이 이런 면접을 왜 보는지를 잘 이해하지 못해서, 그 신문기사의 내용 중 년도나 장소에 관해서만 이야기를 했다고 합니다. 사실 면접관의 의도는 긴 내용을 얼마나 조리 있게 정리해서 말할 수 있는 사람인가에 대한 능력을 평가하기 위함이었다고 합니다.

마지막 열 번째는 짧게 말하십시오. 지금 바로 달려가 저의 남편에게 해주고 싶은 말이네요. "좋은 대화는 미니스커트와 같다. 흥미를 유지할 만큼 짧고 간결하게 주제를 다룰 만큼의 길이만으로 말해라"라고 합니다. 저의 남편은 비즈니스 파트너나 직원에게 어떤 사실에 대해 이야기할 때 "내 앞에 어린아이가 있다고 생각하고 설명해봐"라고 말하곤 합니다. 그렇기 때문에 자세하고 이해하기 쉬워질 수는 있습니다. 하지만 항상 말이 길어집니다. 듣다보면 졸음까지 쏟아질 정도입니다. 물론 그가 달콤하고 부드러운 목소리를 내는 꿀성대를 가져서라고 말하고 싶지는 않습니다. 6살짜리 저의 아이도 한마디로 설명하면 제가 말하는 것에 대부분의 내용을 이해합니다. 절대 아이한테 설명한다는 핑계로 길게 말하지 말아주세요.

스피치의 대가 임유정 씨는 '말이 대세인 세상'에 살고 있다고 했습니다. 상호 간의 교류와 진심을 나누기 위해서는 말하는 기술이 필요합니다.

이 기술은 마치 우주 밖 인공위성에서 지구를 내려다보면 세상이 어떤 흐름으로 이어져 있는지 한눈에 바라보는 것과 같습니다. 자신이 말하는 것에 대해 전체적인 흐름을 이해하는 것이 선행되어야 합니다. 그런 흐름을 이해하기 위한 특별한 기술을 소개하겠습니다.(《성공을 부르는 스피치 코칭》 중에서)

▶ O-B-C 법칙

O(opening): 오프닝에서 사람들의 관심을 끌어야 합니다. 관심을 끌 수 있는 질문과 에피소드를 미리 준비해야 합니다. 질문은 상대방을 나의 이야기에 끌어 들이게 하며 이야기의 주제에 관심을 유발시켜줄 수 있습니다. 에피소드는 자신의 경험담에 대해 말하는 것입니다. 이야기 나누는 대상에 따라 성별, 연령, 직업 등을 고려하여 다양한 자신만의 경험을 이야기하는 것이 좋습니다.

B(body): 　본론은 '내용'이 들어가 있어야 합니다. 상대방과 대화 나누고자 하는 목적이 분명히 드러나야 함은 물론이고, 상대방이 꼭 알아야 할 정보가 포함되어야 합니다. 전달하고자 하는 내용과 연관하여 신문, 잡지, 책 등의 내용을 인용하거나, 예를 들어 설명해준다면 상대방은 더욱 이해하기 쉬워질 것입니다.

C(closing): 　결론은 감동을 주는 마무리로 해야 합니다. 상대방은 가장 최근에 전달받은 정보를 더 많이 기억합니다. 아무리 본론에서 좋은 내용을 전달한다고 해도 결론의 내용을 가장 정확하게 기억하기 마련입니다. 결론에서 당신이 전하고자 하는 메시지에 감동을 담아 말한다면 상대방을 설득할 수도 있습니다. 우리가 이야기를 나누는 과정을 통해 궁극적으로 얻고자 하는 것은 상대방과의 생각의 차이를 좁히거나 상대방의 생각을 바꾸는 것임을 명심해야 합니다.

《성공을 부르는 스피치 코칭(임유정)》의 내용을 재정리함)

좋은 대화법을 잘 모르는 친구에게 이렇게 말해주세요!

"대화를 잘하는 방법이 여러 가지가 있지만 가장 쉽고 좋은 방법은 미니스커트처럼 짧게 말하고 같은 내용을 반복하지 않은 것이라고 생각해. 머릿속에서 자신이 말할 내용을 정리한 후 핵심과 결론을 말하는 방식이 상대방에게 가장 신뢰를 줄 수 있는 대화법이야. 그리고 특히 내용 전달을 잘하고 싶어서 반복하는 경우가 있는데, 반복보다는 말한 내용을 문서화해서 주거나, 문자 메시지로 확인하는 것이 더 좋을 것 같아."

자존감이 낮다면
어떡할까?

여기 아장아장 걷고 있는 돌이 막 지난 아기가 있습니다. 엉덩이를 뒤뚱거리는 모습이 사랑스럽습니다. 이 아이는 거울 쳐다보는 것을 정말 좋아합니다. 거울에 비친 자기 모습을 보다가 키득거리고 소리 지르다가 뽀뽀를 합니다. 다른 아기들도 분명 이럴 것이고, 여러분들도 어렸을 때 이와 같은 행동을 했을 것입니다. 여러분들이 이런 행동을 언제부터 안하게 되었을까요? 한 번 생각해 볼까요?

네이버 지식인 검색에 많은 십대들이 "제가 못생겼나요?", "성형수술하면 어떨까요?"라는 질문과 함께 자신의 사진을 올린다고 합니다. 왜 그들은 그런 생각과 행동을 하게 되었을까요?

여기 15살 소녀 페니가 있습니다. 어느 평범한 10대들처럼 친구들과 어울리고 인기가 많기를 바랍니다. 페니는 일요일 저녁

학교 준비물을 가방에 챙기고 있습니다. 하지만 마음 한편에는 학교에 가는 것이 겁이 납니다. 왜냐하면 학교에서 늘 친구들이 그녀를 못생겼다고 왕따를 시키기 때문입니다. 페니의 엄마는 딸이 가장 예쁘다고 말해 줍니다. 하지만 친구들이나 또래가 말해주는 것과는 완전히 기준이 다르기 때문에 페니는 너무 힘들어 합니다. 그래서 자신의 동영상을 찍어 유튜브에 올렸습니다. 사람들에게 의견을 물어보기 위해서입니다.

"제가 예쁜가요? 못생겼나요?"

지금까지 만 삼천 개가 넘는 댓글이 달렸다고 합니다. 정말 이렇게까지 해야 하는 것일까요?

오늘날의 10대들은 늘 SNS를 하기 위해 인터넷에 접속해 있는 시간이 많습니다. 온라인에 노출된 환경은 청소년들로 하여금 자신이 받은 SNS 상의 '좋아요' 개수나 댓글에 따라 평가받고 평가하기도 합니다. 사실 별 의미 없는 그 평가가 그들에게는 매우 중요한 문제라고 생각합니다. 연예인들뿐만 아니라 일반인들도 다이어트나 운동으로 몸매 가꾸기, 성형, 시술에 관해 많은 관심을 가지고 있고, SNS의 넘쳐나는 정보들은 외모 중심 문화를 더욱 부추기고 있습니다. 정신적으로 아직 미성숙한 청소년들은 이런 상황 속에서 정체성이 흔들리는 경험을 할 수 있습니다.

이런 사회적 문제 속에서 10대를 거친 청소년들이 어른이 되었을 때 바로 자존감이 낮은 사람이 되는 것입니다. 자존감이 낮다는 것은 지기 스스로를 사랑하는 마음이 부족한 상태이자, 모든 것에 자신 없어하는 상태를 의미합니다. 이런 어른들은 남을 사랑하는 방법조차 모르며, 자신에게 주어진 일에 대한 성취도도 낮습니다.

우선 근원적으로 청소년들의 자존감을 높이게 할 방법에 대해 생각해봅시다. 이것은 당신이 어른이 된 이후의 모습에 밑거름이 되기 때문입니다.

첫째 청소년들에게 자신의 신체 자신감에 대한 교육을 해야 합니다. 가족, 친구 그리고 모든 인간관계에서 외모에 대한 이야기를 주제로 삼지 않는 것이 중요합니다. 특히 아름다운 외모를 가진 연예인, 뛰어난 몸매의 스포츠 스타 같은 사람들과 자신의 외모를 비교하지 않도록 어른들이 이야기해 주어야 합니다. 월드컵에 출전하는 선수가 잘 생기지 않았다고 해서 골을 넣을 확률이 낮을까요? 외모와 골 득점률은 아무 상관없는 부분입니다.

둘째 사람에 대한 판단을 할 때 그들의 행동을 보고 해야 합니다. SNS의 팔로워 숫자나, '좋아요' 숫자를 보고 판단하는 것이 아니라, 그 사람들이 어떤 생각을 가지고 살아가는지와, 어떤 행동을 하는지를 알아야 합니다. 또는 평소 생활에서 그 사람들이 어떤 가치관 아래 행동을 하는지를 알아야 합니다. 어른들이 이런 판단 기준을 명확하게 청소년들에게 제시해주어야 합니다.

셋째 문화를 바꾸어야 합니다. 우리 모두 지역단체, 정부단체 내에서 청소년들의 개성과 다양성을 존중해 주는 문화를 만들어가야 합니다. 외모와는 상관없이 자신의 본질을 사랑하고, 자신의 몸을 사랑하는 것에 대해 자세히 알려주고 어른들도 그런 생각을 가지고 있어야 합니다. 학교 교육과정 내용 안에서도 외면의 아름다움을 강조하는 내용을 없애야 하며, 내면의 아름다움의 중요성을 강조하는 내용을 실어야 합니다. 특히 어린 시절부터 접하게 되는 공주의 스토리는 여자 아이들에게 특히나 외적 아름다움에 대한 환상을 심어 주게 되므로 그 내용을 수정할 필요가 있다고 생각됩니다.

(TED speaker: 메간 람세이(Meaghan Ramsey),
'왜 당신은 당신이 못생겼다고 생각할까요?'의 내용을 각색, 재구성함)

우리는 누구나가 열등감을 가지고 살아갑니다. 하지만 그것이 꼭 자존감이 없는 사람을 의미하는 것은 아닙니다. 열등감은 남으로부터의 평가보다는 자기 스스로에 대한 평가로부터 시작됩니다. 이것은 단순히 한 사람이 가지고 있는 객관적 이력이나 상황을 나타내는 잣대가 아닙니다. 자신을 사랑하고 믿고 공감하는 능력이 부족한데서 시작됩니다.

국제정신분석가 이무석 박사의 《나를 사랑하게 하는 자존감》이라는 책의 내용을 소개해 드리고 싶습니다.

나무 전문가들은 나이테만 보고도 그 나무의 과거를 알 수 있다고 합니다. 물이 풍부한 해를 지냈는지 가물었던 해를 지냈는지를 나이테를 통해 가늠할 수 있기 때문입니다. 자존감이라는 것도 살아온 인생의 흔적을 통해 유추해 볼 수 있습니다. 유년기와 청소년기를 어떻게 보냈는지 잘 알 수 있다면 사람의 자존감 정도를 파악할 수 있다고 합니다.

자존감이 높은 사람들은 자기 신체에 대한 만족도가 높다고 합니다. 반면에 자존감이 낮은 사람은 자신의 외모를 부끄럽게 생각합니다. 그림을 그린다고 가정하면 자존감이 낮은 사람들은 자신의 모습 전체를 희미하게 그리거나 작게 그린다고 합니다. 자신의 신체에 대한 마음이 그림에 여실히 묻어나는 것입니다. 그렇다면 자존감이 높은 사람은 어떤 그림을 그릴까요? 설명 드리지 않아도 예상이 되실 것입니다.

자신의 신체를 사랑하는 일은 자신을 있는 그대로 받아들이는 것과 같습니다. 외모는 타고 나는 것이기 때문입니다. 물론 신체의 일부를 바꾸기 위해 성형수술, 시술 같은 것을 하기도 합니다. 이것을 통해 자신감을 회복할 수 있다면 긍정적 효과를 가져올 수 있다는 것에 동의합니다. 하지만 이런 방법도 근본적인 자신감의 회복 없이 이루어진다면 성형중독 같은 무시무시한 결과를 초래하기도 합니다.

자존감이 높은 사람은 공감능력도 높다고 합니다.

'EQ_{emotional quotient}가 높아야 된다'라는 말을 많이 들어보셨을 것입니다. EQ는 타인의 감정을 나의 감정처럼 느끼고 타인을 이해하고 배려하기 위해 아주 중요한 부분입니다. 이것은 사회생활에서 원만한 대인관계를 만들어 나가는 원동력이 되기 때문입니다. 자존감이 낮은 사람들은 상대방이 '나를 어떻게 생각할까?', '나를 못생겼다고 하면 어떡하지?'라는 생각 때문에 상대방의 감정을 읽을 여유가 없다고 합니다. 또한 자존감이 낮은 사람들은 공감능력의 부재로 상황에 대한 자기식의 해석으로 변질됩니다. 상대방의 말을 자기식대로 해석해 버리면 어떤 대인관계도 원만하게 이루어지기 힘들어집니다.

자존감이 높은 사람은 리더가 된다고 합니다. 리더는 사람들이 따르기도 하지만 반대로 그들의 잠재능력을 발현하게 도와주는 역할을 합니다. 또한 모든 일처리에 자신감이 있기 때문에 자신감 있는 결과를 도출해 내기도 합니다. 자신이 믿는 대로 이 세상의 이치가 돌아갑니다. 스스로가 '이 게임에 이길 것이다'라고 믿는 순간 진짜로 그 게임에서 이기게 됩니다. 자신감은 이처럼 승패에도 영향을 미칩니다. 이런 성공에 대한 확신은 사람들이 안심하고 따르게 만들기도 합니다.

제임스라는 심리학자는 자존감의 공식을 이렇게 표현했다고 합니다.

$$자존감 = \frac{성공}{욕심}$$

분모인 욕심을 줄이거나, 분자인 성공을 증가시키면 자존감은 당연히 올라갈 것입니다. 우리는 어떤 선택을 해야 할까요? 선택은 당신 몫입니다. 어떤 선택을 하든 그것의 최종 목적지는 높은 자신감과 행복한 삶입니다.

저는 여기서 자존감을 높이는 일상생활 속의 실천 방법을 알려드리겠습니다.

▶ 3K 법칙

Kiss

거울을 보면서 스스로에게 키스를 해봅시다. 백설공주의 새엄마 마녀가 요술 거울에게 물어보는 모습을 떠올려 보십시오. "거울아 거울아 이 세상에 누가 제일 예쁘니?"라고 묻는다면 자존감의 거울은 "당신이 가장 아름답습니다"라고 답을 해올 것입니다. 자존감의 거울에게 진한 키스를 해주십시오.

Kick

내재돼 있는 열등감을 발로 차 냅시다. 나 싫다고 떠난 애인을 붙잡지 않고 발로 차내는 기분을 아실 겁니다. 누구나 가지고 있는 다양한 형태의 열등감을 마음속에서 밖으로 내보내는 것입니다. 내 앞에 공이 있다고 상상하십시오. 공을 골대에 넣기 위해서가 아니라 저 멀리 날려 보내기 위해 찬다고 상상해 보는 것입니다. 자신이 축구 선수인 냥 맘껏, 자신 있게 그저 차기만 하면 됩니다. 공은 당신이 가지고 있던 열등감입니다. 열등감이 내면에서 멀어져 간다면 반대급부로 자존감이 찾아올 수 있습니다.

Keep

자기 스스로를 사랑하는 마음을 오래오래 간직합니다. 때로는 실패, 시련의 경험으로 자신감이 추락할 수 있습니다. 하지만 이런 감정은 순간일 뿐입니다.

당신이 무언가를 해냈을 때를 떠올려 봅니다. 아주 작은 것도 좋습니다. 저는 운전면허 필기시험에 합격했던 순간이 갑자기 떠오릅니다. 실례로 운전면허 필기시험 합격률은 50%도 채 되지 않습니다. 같이 시험을 보러 갔던 친구는 합격자 명단에 없었습니다. 절대 떨어질리 없다고 호언장담하던 명문대생 내 친구의 실망한 얼굴을 보며 전 마음속에 자존감이 차올랐습니다. 자존감은 큰 사건이나 엄청난 성취에서 오는 것이 아닙니다. 무언가 자신이 행한 작은 업적들을 매일매일 마음에 간직하는 것에서 시작됩니다. 자신을 아끼고 보듬는 마음은 당신이 죽음으로 생을 마감하는 그날까지 꼭 가슴깊이 간직해야 합니다.

자존감이 낮은 친구에게 이렇게 말해주세요!

"자존감이 너의 친구라고 생각해봐. 친구와 사이좋게 지내기 위해서 친구에게 관심을 갖고, 같이 시간을 보내야 되는 것처럼 자존감을 높이기 위해서는 너가 그 자존감의 본질에 관심을 기울이고 자존감이 너에게 얼마나 필요한 것인지 진지하게 생각해야해."

우울증에 걸린 것 같은데
괜찮을까?

　사람들은 크게 두 가지 다른 삶의 영역을 가지고 살아가고 있습니다.

　하나는 사회 속에서의 삶, 다른 하나는 개인의 삶의 영역입니다. 사회 속 삶의 영역에서 당신은 누군가의 친구, 동료이자 파트너 내지는 선배, 후배가 될 수 있습니다. 하지만 개인의 삶의 영역에서는 오로지 자신만이 중심이 됩니다.

　어떤 사람들은 개인적인 삶의 영역에서 우울증에 걸려 괴로워합니다. 하지만 이 사실을 사회 속 삶의 영역으로 가져가고 싶지는 않다고 생각합니다.

　저는 누구나 인생에 한번쯤은 마음의 감기인 우울증에 걸릴 수 있다고 확신합니다. 나도 그랬고 내 친구도 그랬고, 그리고 아마 나의 동료도 그러하였을 것입니다.

우울증이란 그저 인생이 잘 안 풀릴 때 '슬퍼하는 감정을 느끼는 것'이라는 정의는 잘못된 것입니다. 단지 애인과 헤어지거나 원하던 직장을 얻지 못하거나 하는 것과 같은 일시적인 상황에서 느끼는 감정은 그저 '슬픔' 또는 '절망감'입니다. 진짜 우울증은 인생의 모든 것이 잘 돌아갈 때도 불안, 절망 같은 부정적 감정을 지속적으로 느낀다는 것에서 슬픈 감정을 느끼는 것과 큰 차이점이 있습니다.

우울증에 대해서 말을 꺼낸다는 것은 쉽지 않은 일입니다. 누구든지 그렇습니다. 모두들 말하기를 꺼려합니다. 왜냐하면 이것은 생각보다 큰 문제이기 때문입니다. 세계보건기구 WHO 발표에 따르면 2016년 기준으로 한국 우울증 환자는 214만 5,000여 명에 달한다고 합니다. 우울증으로 인한 심각성의 정도는 개인차가 있으나, 가장 비극적인 일은 자살을 선택하는 것입니다. 우리는 종종 뉴스기사에서 연예인 또는 연예인 지망생이 자살한 일들을 접할 수 있습니다. 이것이 단지 대중의 사랑을 먹고 사는 직업을 가진 사람들만의 이야기일까요?

그렇지 않다는 것쯤은 쉽게 알 수 있습니다. OECD 국가 중 한국의 자살률은 1위입니다. 자살률이 높은 원인은 여러 가지가 있을 수 있지만 사실 그 내면을 살펴보면 우울증이 큰 비중을 차지합니다. 이렇게 통계적 수치만으로도 우울증이 우리 사회 속에 살아 숨 쉬고 있다는 것을 쉽게 알 수 있습니다.

미국의 정신분석학자이자 사회심리학자인 에리히 프롬Erich

Seligmann Fromm은 우울증에 대해 이렇게 말했습니다.

"그것은 감각에 대한 무능력이며, 우리의 육체가 살아있음에도 불구하고 죽어있는 느낌을 갖는 것이다. 그것은 슬픔을 경험하는 능력이 없는 것일 뿐만 아니라 기쁨을 경험할 능력도 없는 것이다."《사랑하는 사람이 우울증에 빠졌을 때(전문우)》 내용 중에서)

인간에게 감각이 없다는 것은 저주받은 삶을 사는 것과 같습니다. 장애인도 장애가 있는 신체 부위를 제외하고는 일반인보다 더 예민한 감각을 가진다고 합니다. 그런데 평범한 삶을 살고 있는 우리가 감각이 없는 삶을 지탱해 나간다는 것은 정말 살아 숨 쉬는 것 자체를 무의미하게 만들어줍니다. 우울증은 일반적으로 슬픔의 감정을 깊고 오래 느끼는 것이라고 생각합니다. 우울증은 어쩌면 모든 감정상태 자체에 무감각해지는 것일지도 모릅니다. 감정이 없는 인간이라면 인간이라고 부를 수 있을까요? 마치 욕망이 없는 로봇과도 흡사할 것입니다.

디즈니 영화 중 공주스토리를 벗어나서 사람들에게 감동을 준 애니메이션이 있습니다. 바로 '인사이드아웃'입니다. '라일리'라는 여자아이의 머릿속에 살고 있는 감정들이 살아 숨 쉬며 그녀의 생각에 따라 변화하고 반응하는 것을 재미있게 그려냅니다. 감정의 변화에 예민한 나이대의 라일리의 머릿속에는 기쁨, 슬픔, 버럭, 까칠, 소심이라는 다섯 감정들이 서로 뒤엉겨 공존합니다. 인간은 매순간 다양한 감정을 느끼고 그것에 반응하고 때론 기뻐하며 때론 슬퍼하며 살아가야 합니다. 그 애니메이션에서조차 '슬픔이'(슬픈 감정의 캐릭터)는 스스로를 쓸모없는 존재로 치부합니다. 하지만 슬픈 감정도 존재하여야만 하는 감정입니다 여기서 문제는 생각 속에 이 슬픈 감정만이 대부분을 차지하는 사람들입니다. 우리는 이들을 우울증에 걸린 사람이라고 부릅니다.

우울증에 걸린 사람들이 겉보기에 일반 사람들과 다른 점이 있을까요? 전혀 그렇지 않다고 생각합니다. 단지 작은 감정의 변화에 취약해 누군가의 거절, 좌절을 쉽게 받아들이지 못하고 그 슬프고 우울한 감정이 오랜 시간 지속됩니다. 몸을 일으키거나 밥을 먹을 기운이 없을 정도가 되기도 하고, 때로는 폭식을 하며 비정상적인 행동과 감정을 나타냅니다. 탈출할 수 있는 방법이 마치 자살밖에 없는 것처럼 생각하기도 합니다. 시간이 지나면 그 우울증이 자신의 일부분이 되는 것입니다. 그럼에도 불구하고 이런저런 이유로 사회생활을 지속해야 하는 우울증에 걸린 많은 사람들은 우리 주변에서도 쉽게 찾아볼 수 있습니다. 이것은 엄연한 현실입니다. 또한 우울증은, 페이스북 오늘의 상태에 침대에서 일어나기 힘든 이유를 우울증 때문이 아니라 팔을 다쳐서라고 쓰도록 만듭니다. 팔을 다치면 모두가 병문안을 와서 석고붕대에 사인을 해주지만, 불행히도 우울증에 걸려 병원에 입원하면 모두가 멀리 합니다. 우리는 몸의 어느 부분이 고장 난 것은 쉽게 받아들이지만, 정신이 고장 난 것은 쉽게 받아들이지 않습니다. 경험하지 못한 사람들은 우울증에 대해 절대 이해할 수 없기 때문입니다.

우울증은 세계에서 가장 많이 문서로 기록된 병임에도 불구하고, 가장 적게 논의되고 있는 병입니다. 마치 모든 게 시간이 가면 고쳐질 것처럼 말입니다.

우울증을 치료하는 방법을 아시나요? 그것에 대해 한마디로 말하기도 어렵고, 고칠 수 있다고 하기도 힘듭니다. 하지만 우리 모두가 우울증으로 고통 받고 있는 사람들과 함께하며 이해하려는 노력을 해야만 합니다.

사실 우울증에 걸려도 괜찮습니다. 그리고 그 사실을 주변 사람들이 알아도 괜찮습니다. 그것은 아픈 것이지 정신상태가 올바르지 않다는 뜻이 아닙니다. 여러분 스스로가 두려움과 비웃음, 타인의 편견을 넘어서 우울증의 정체를 똑바로 볼 수 있어야 합니다. 또한 누구나 쉽게 우울증에 걸릴 수 있다는 사실을 명심해야 합니다. 우울증에 걸린 동료를 나약한 인간으로 치부하거나 그 사람이 정신적으로 이상이 있다고 피해서는 안 됩니다.

(TED speaker Kevin Breel:
Confession of a depressed comic의 내용을 각색, 재구성함)

일본의 저명한 정신건강의학과 의사 '사토 다케시'의 《우울한 당신이 유쾌해지는 100가지 방법》을 보면 우울증의 정도가 심해지면 아무도 자기를 도와주지 않는다고 생각해 주변 사람들을 적대시한다고 합니다. 그러다가 자신의 존재를 부정하는 단계에 이르면 스스로 목숨을 포기하는 사태까지 이를 수 있다고 했습니다.

문명의 발달과 편리함은 오히려 우울증을 부추깁니다. 타인보다는 개인의 안녕에 모든 것이 포커스를 맞춰 가기에 사람들은 자신만이 아는 자신 속의 어두운 면을 더 쉽게 보게 될 수 있습니다.

최근에 서점을 가보면 정신건강학 전문의나 관련 분야의 종사자들이 우울증과 정신건강에 관한 책을 내는 것을 많이 볼 수 있습니다. 어떤 종류의 책이 많이 발간되는지는 사회가 어떻게 돌아가고 있는지를 보여주는 지표입니다. 한국은 경제적 성장을 이루어 먹고 사는 걱정을 하는 사람이 아주 소수에 불과합니다. 그러다보니 정신적 가치나 인간의 가치에 대해 많이 논의되고 있는 것이 사실입니다. 또한 우울증이 별것 아닌 것처럼 보이지만 무서운 정신적 질병이라는 것을 알고 이것에 대해 많은 사람들이 알고 싶어 합니다. 그러나 가장 중요한 것은 누구나 이 우울증이라는 병에 걸릴 수 있다는 사실을 인지하기 시작했다는 것입니다. 많은 사람들이 이 정신적인 질병에 공감하고 이해해 가는 과정을 겪고 있다는 것이 그나마 참 다행스러운 일이라고 생각합니다.

우울증에 걸린 친구에게 이렇게 말해주세요!

"우울증에 걸린 사람도 연애를 할 수 있고, 여행을 가고 싶을 수 있고, 그리고 떡볶이가 먹고 싶을 수 있는 거야. 우울증이라는 것을 질병으로 이해해야지 다른 사람들과 뭔가 다른 삶을 살고 있다고 생각할 필요는 없어. 자기 마음의 소리에 귀를 기울이며 질병을 치료하기 위한 여러 가지 방법들을 시도해볼 필요가 있다고 생각해."

사생활이
왜 중요할까?

전 미국 중앙정보국_{CIA} 직원이자 미 국가안보국_{NSA}에서 근무한 에드워드 스노든_{Edward Joseph Snowden}이 2013년 6월 국가안보국_{NSA}의 무차별 개인정보 수집 등의 내용을 담은 기밀문서를 폭로하면서 전 세계에 큰 파문을 일으켰습니다. 국가안보국이 미국 국민의 개인정보를 수집하고 미국 우방 및 협력 국가 정상들의 전화도 감청했다는 사실이 드러났습니다. 이뿐만 아니라 우리나라에서도 정치적 이슈가 되었던 일 중 하나가 전직 대통령의 민간인 불법 사찰 논란에 관한 것입니다.

왜 국가는 대중 또는 특정한 민간인들을 불법사찰하며 감시하려고 하는 것일까요? 더 나아가 국가뿐만 아니라 기업은 또왜 직원을 불법사찰까지는 아니어도 통제하려고 할까요?

사람들은 본능적으로 자신의 사생활이 보호받기를 원하고

누구에게나 사생활이 존재한다는 것을 인식하고 있습니다. 심지어 부부 사이, 형제, 친구 사이에도 사생활을 존중해야 한다는 말을 흔히 하곤 합니다.

반대로 우리가 남몰래 나쁜 짓을 하거나, 범법자가 아니라면 사생활을 숨길 필요성이 없다고 생각하는 사람도 있습니다. 저희 남편은 핸드폰에 비밀번호나 패턴을 걸어 놓지 않습니다. 자신은 사회생활하면서 남자들이 흔히 저지르는 실수를 한 적도 없고, 가정생활을 파탄에 이르게 할 만한 나쁜 행동을 하고 다닌 적이 없기 때문에 저에게 숨길 것이 없다고 말합니다. 오히려 핸드폰 잠금을 하는 행동 자체를 귀찮다고 여깁니다.

범죄자 또는 유명인들처럼 자신의 사생활을 숨겨야 하는 사람들을 제외한 일반인들은 평소 인터넷으로 요리법을 찾거나 아이와 축구게임을 즐기거나, 쇼핑을 합니다. 그런 사람들은 사생활에서 범법행위를 저지르는 것이 아니니 숨길 것도 없고 정부가 그들의 인터넷을 감시하는 것이 두려울 이유가 없다고 생각할 수도 있습니다.

여러분의 생각은 어떠하신가요? 남에게 뭔가 숨겨야 되는 행위를 하지 않는다고 해서 정부가 또는 기업이 당신의 사생활을 불법 사찰할 권리가 있다고 생각하시나요? 아니면 정반대인가요?

저의 입장은, 어떠한 이유로도, 공익 또는 범죄 예방 같은 중요한 이유로도 국가가 민간인을 불법 사찰할 이유는 없다고 생각합니다. 그 이유는 인간은 자신만의 생각과 공간이 필요한 형이상학적인 존재이자, 분명 동물과는 구분되는 감정과 느낌을 가진 존재이기 때문입니다.

과거의 한 정부는 민정수석을 통해 연예인, 언론인을 불법 사찰했습니다. 왜냐하면 그들의 한마디 한마디는 대중에게 큰 영향을 미칠 수 있기 때문입니다. 그들이 반정부 성향 또는 진보적 성향을 가지고 자신들의 생각을 펼친다면 일반 시민들 역시 정부의 정책이 잘못되었다고 생각하는 것을 두려워했던 것 같습니다. 전 사실 정치에 관심이 많지도 않고 잘 알지 못합니다. 하지만 한 가지 확실한 것은 정의로운 사회가 구현되는 것은 매우 바람직한 일이며, 그렇기 때문에 시민의 인격과 사생활을 정부가 컨트롤할 수 없다고 생각합니다.

한 보수파 정당의 일원이 이런 말을 하는 것을 보고 아주 격하게 마음속으로 동의한 적이 있습니다. 그는 "보수파가 진보파를 탄압할 필요성이 없습니다. 진보는 보수를 견제하고 채찍질하기 위해 존재하는 것입니다. 그래야 사회의 균형이 맞춰지지 않겠습니까?"라고 말했습니다.

《가디언》,《파이낸셜 타임스》 등 외신들은 3일 "영국, 프랑스, 독일, 이탈리아, 스페인, 네덜란드 등 유럽연합 소속 6개국 정보보호기관들이 구글의 사생활 침해 행위를 저지하려고 연합 전선을 구축했다"고 일제히 보도했습니다. 유럽연합이 문제 삼는 것은 2012년 3월 구글이 발표한 개인정보 정책에 관한 것입니다. 당시 구글은 지메일, 유튜브, 구글플러스 등 60여 개 구글 서비스에 흩어져 있던 사용자의 검색기록, 연락처, 일정 등 개인정보를 통합 관리하겠다고 발표했습니다. 구글은 개인의 거주지, 취향 등을 파악할 수 있는 '개인별 검색 서비스' 제공을 추진하며, 이와 연계한 광고 유치 전략을 펼치겠다는 발표를 했습니다. 한쪽에서는 사용자의 개인정보를 장악해 이윤 창출에 이용하려는 게 아니냐는 비판이 터져 나왔습니다.

하지만 구글의 CEO의 에릭 슈미트는 이것에 대해 한 기자와의 인터뷰에서 "여러분이 뭔가를 하고 있는데 남들한테 알려지기 싫어한다면 그런 일을 처음부터 하지 말아야 합니다"라는 답을 했다고 합니다. 마치 자신은 개인생활이 알려져도 크게 개의치 않는다는 말투로 말을 했겠죠?

하지만 그 후 얼마 되지 않아 그는 구글 직원들에게 인터넷 잡지인 씨넷CNET과의 인터뷰를 하지 말라고 명령을 내렸습니다.

씨넷이 에릭 슈미트에 관한 개인정보와 사생활을 가득 담은 기사를 실었기 때문입니다. 또한 페이스북의 CEO인 마크 주커버그는 결혼 후 그들의 집 주변을 둘러싸고 있는 이웃집 4채를 모두 같이 사들였습니다. 마찬가지로 그도 자신의 사생활을 지키고 싶었기 때문이라고밖에 해석이 되지 않습니다.

미국의 유명한 저널리스트인 글렌 그린월드는 사생활에 관한 문제를 토론할 때 이렇게 말하는 사람을 많이 만난다고 합니다.

"저는 숨길 게 없기 때문에 사생활 침해를 걱정하지 않아요"

그때마다 그는 펜을 꺼내 그의 이메일을 적어 주며 이렇게 말합니다.

"여기 제 이메일 주소 보이시죠? 집에 가셔서 당신의 모든 이메일 계정과 그 비밀번호를 제 이메일로 보내주세요. 당신이 온라인에서 하는 일을 알아내서 재미있는 부분은 기사로 내고 싶으니까요. 어쨌든 당신은 나쁜 사람이 아니니 잘못한 일이 없어서 숨길 것도 없을 테니까요"

그런데 단 한 사람도 그에게 이메일을 보낸 사람은 없다고 합니다. 그가 매일 이메일을 세심하게 확인하는데도 말입니다.

앞에서의 여러 가지 예들을 통해 아무리 많은 사람들이 사생활의 중요성을 부인한다고 해도 본능적으로 사생활의 중요성을 스스로 인식하고 있다는 것을 알 수 있습니다.

우리는 사회적 동물입니다. 저는 가끔 이런 생각을 하곤 합니다.

'지금 내 몸이 자유롭지 못하다고 해도 너무 힘들어 하지 말자. 내 생각만 자유로우면 된 거야'

누구나 현실 속에서 몸이 자유롭기는 쉽지 않습니다. 직장인은 회사의 출퇴근 시간에 얽매이며, 학생은 수업시간표에 얽매이고, 아이 엄마는 아이의 유치원 등·하원 시간에 얽매이는 등 현실 속에서 무언가에 얽매이며 살지 않는 사람은 없습니다.

그렇기 때문에 몸과 생각이 자유로워지는 시간인 사생활만큼은 매우 중요하다는 것을 우리는 깨달아야 합니다.

인간이 사생활을 본능적으로 갈구하는 데는 이유가 있습니다. 공기를 들이쉬거나 물은 마시는 것과 같은 반사행동이 아닙니다. 감시당하거나 누가 우리를 지켜볼 때 우리 행동은 엄청나게 바뀌기 때문입니다. 여러분도 한번 상상을 해 보십시오. 회사에서 CCTV로 계속 내 책상을 감시하고 있다면 절대 근무시간에 인터넷쇼핑을 하지 않을 것입니다. 즉 자연스럽게 모든 행동 범위가 아주 소심해지고 좁아지게 될 것입니다.

심리학자들의 연구에 따르면 누가 자기를 지켜본다는 것을 알면 그들이 하는 행동은 아주 순응적으로 된다는 것을 증명하였습니다. 사람들은 누가 자신을 지켜볼 때 그들 스스로 결정을 내리기보다는 다른 사람들이 자기에게 거는 기대나 사회적 통념에 따라 결정하게 된다고 합니다. 하지만 사생활은 인간이 생각하고, 추론하고, 비판하는 능력의 근원이자 창의력과 모험심을 키우는 시간일 수 있습니다. 그렇기 때문에 사생활은 존중되어야 하고, 사회가 사생활 존중을 위해 제도적 장치 또한 마련해야 한다고 생각합니다.

(TED speaker Gleen Greenwald: Why privacy matters?의 내용을 재구성함)

한국 직장인들의 불만 중 하나가 '개인생활을 위한 시간을 내기가 어렵다'입니다. 특히 가족보다 직장이 우선이라는 인식이 사회에 팽배해 있기 때문에 가족 경조사나 기념일 등을 챙기기 위해 휴가를 내거나 조기 퇴근을 하기가 매우 어려운 실정입니다. 그럼에도 사생활과 일의 균형을 원하는 직장인들의 목소리가 커지고 있습니다. 또한 기업 경영주들의 마인드도 많이 바뀌어 가고 있다는 것을 주변에서 보게 됩니다.

'기업이 좋아야 인재가 온다'라는 온라인 기사를 읽은 것을 소개하겠습니다. (2016년 10월10일 데일리 라이프)

재치 있는 광고로 유명한 배달 전문 앱 '배달의 민족'을 탄생시킨 '우아한 형제들'이라는 회사는 주 4.5일제 업무를 시행하고 있습니다. 매주 월요일 오후에 출근하는 제도 때문입니다. 조금 더 여유로운 한 주의 시작을 위한 배려라고 합니다. 그리고 벽 한편에 달린 현수막에는 "퇴근할 때는 인사하지 않는다. 휴가에는 사유가 없다"는 문구가 크게 적혀있어 자유로운 퇴근과 휴가 사용을 촉진하고 있다고 합니다. 매우 고무적입니다.

또한 예술가의 마을 헤이리에 위치하고 있는 제니퍼 소프트는 2005년 설립된 국산 소프트웨어 벤처기업입니다. 삶과 일의 균형, 자율적 환경, 창의성과 열정을 그들의 문화라 말하며 그대로 실천하고 있는 일명 '꿈의 기업'입니다. 어느 회사도 쉽게 따라오지 못하는 이 회사의 복지를 살펴보면, 일단 주 35시간만 일하면 됩니다. 전형적인 9시 출근 6시 퇴근이 아닌 자율성을 보장하고 있습니다. 자신이 일하는 시간을 스스로 탄력적으로 조절할 수 있습니다.

이처럼 개인의 사생활 보호를 넘어서 워크 라이프 밸런스를 도와주는 회사들의 복지제도는 큰 각광을 받고 있습니다. 행복한 사생활의 영위는 곧 업무의 효율성과 생상성에 긍정적 영향을 미친다는 것을 인정하기 때문이다. 지금 당신이 다니고 있는 직장은 이런 '신의 직장'은 아닐 수 있습니다. 하지만 스스로가 사생활의 중요성을 인식하는 것에서부터 자신의 사생활을 지키기 위한 방법을 고민해 볼 필요성이 있습니다.

오늘 아침 우연히 돌린 채널의 라디오에서 나온 내용을 여러분에게 소개해 드리고 싶습니다.

▶ 휴가를 갈 때 상사 눈 밖에 나지 않는 방법

‣ 자신의 업무를 대신해 줄 동료 직원을 섭외한다. 섭외하는 과정에서 선물, 점심 사기는 필수이다. 공항 면세점에서 사다줄 화장품, 향수, 지갑 등 동료가 사고 싶어 하는 물품 목록을 받는 것도 좋다.

‣ 상사에게 최소한 한 달 전에는 휴가계획을 말한다. 휴가를 간다고 통보를 하기보다는 한 달 뒤에 휴가를 가도 될지의 유무를 묻는 방식을 취한다. 통보와 허락을 구하는 것에는 엄연한 차이가 있다.

‣ 휴가 가기 전에는 야근이나, 업무에 더 집중하는 모습을

보여준다. 휴가 가기 전의 들뜬 모습보다는 자신의 일에 책임을 다하는 느낌을 풍기는 것이 중요하다.

▸ 휴가계획이나 휴가에서 사용할 물품 구매를 위한 웹서핑은 회사에서 하지 않는다. 당연한 얘기지만 개념을 상실한 분들이 간혹 여행사로부터 걸려온 전화를 회사 내에서 공공연하게 받는 것을 목격한 적이 있다. 또는 휴가용품을 온라인쇼핑몰에서 주문해서 회사 사무실에서 받는 모습을 본다면 상사는 그 직원에게 휴가를 못 가게 하고 싶은 마음이 생겨날 것이다.

휴가는 직장인들이 사생활을 즐길 수 있는 가장 의미 있는 시간이자 가장 많이 할애되는 시간입니다. 대부분 자유롭게 휴가를 떠나지 못하는 회사 분위기를 저 또한 잘 알고 있습니다. 하지만 당신이 휴가를 가지 않는다고 회사에 큰 문제가 생기는 것이 절대 아닙니다. 그리고 휴가는 재충전의 시간이자 업무의 효율성을 높이기 위한 휴식입니다. 그 자유와 권리를 누리고 찾기 위해 최소한의 노력을 해보자는 의미로 '휴가 갈 때 상사 눈 밖에 나지 않는 방법'을 꼭 알려 드리고 싶었습니다.

휴가를 계속 미루는 친구에게 이렇게 말해주세요!

"휴가를 쓰는 것이 눈치 보일 수도 있고, 업무가 밀려 있어 마음의 여유가 생기지 않을 수도 있지. 하지만 휴가란 너의 사생활의 일부분이고, 그것을 통해 재충전의 시간을 가져야만 업무 효율성이 더 높아질 수 있는 거야. 휴가 갈 때 상사의 눈 밖에 나지 않는 방법을 최대한 활용해서 마음 편하게 휴가 다녀와.**"**

참고문헌

《프랑스 아이는 말보다 그림을 먼저 배운다(신유미, 시도니 벤칙)》_지식너머

《큐리어스 마인드(브라이언 그레이저)》_열림원

《메모 습관의 힘(신정철)》_토네이도

《신입사원의 조건(조관일)》_21세기북스

《모티베이터: 동기를 부여하는 사람(조서환)》_책든사자

《자기신뢰(랠프월도 에머슨)》_창해출판사

《엄마 말고 나로 살기(조우관)》_청아출판사

《결정적 순간에 써먹는 선택의 기술(크리스토퍼 시, 이상건)》_북돋움

《남편 성격만 알아도 행복진다(이백용, 송지혜)》_비전리더십

《감정연습(박용철)》_추수밭출판사

《행복은 혼자 오지 않는다(에카르트 폰 히르슈하우젠)》_은행나무출판사

《왜 성공하는 사람만 성공하는 걸까?(아이하라 다카오)》_유노북스

《혼자가 편한 사람들(도리스 메르틴)》_비전코리아

《성공을 부르는 스피치 코칭(임유정)》_원앤앤북스

《우울한 당신이 유쾌해지는 100가지 방법(사토 다케시)》_넥서스BOOKS

《나를 사랑하게 하는 자존감(이무석)》_비전과리더십